房地产销售沟通口才训练手册

案例实操版

王一禅◎编著

中国铁道出版社有限公司
CHINA RAILWAY PUBLISHING HOUSE CO., LTD.

图书在版编目（CIP）数据

房地产销售沟通口才训练手册：案例实操版/王一禅编著.—北京：中国铁道出版社有限公司，2021.3
ISBN 978-7-113-27712-3

Ⅰ.①房… Ⅱ.①王… Ⅲ.①房地产-销售-口才学-手册 Ⅳ.①F293.35-62②H019-62

中国版本图书馆CIP数据核字(2020)第273181号

书　　名：房地产销售沟通口才训练手册（案例实操版）
FANGDICHAN XIAOSHOU GOUTONG KOUCAI XUNLIAN SHOUCE（ANLI SHICAOBAN）
作　　者：王一禅

责任编辑：吕　芠　　**编辑部电话**：（010）51873035　　**邮箱**：181729035@qq.com
编辑助理：张秀文
封面设计：宿　萌
责任校对：焦桂荣
责任印制：赵星辰

出版发行：中国铁道出版社有限公司（100054，北京市西城区右安门西街8号）
印　　刷：三河市兴达印务有限公司
版　　次：2021年3月第1版　2021年3月第1次印刷
开　　本：700 mm×1 000 mm　1/16　**印张**：14.5　**字数**：205千
书　　号：ISBN 978-7-113-27712-3
定　　价：59.00元

前　　言

在销售行业中流行这样一句话："买卖不成话不到，话语一到卖三俏。"毫不例外，房地产销售也是一门"靠嘴吃饭"的行业。房产销售员若是能恰到好处地发挥口才的魅力，那么每一个词语都会成为销售成功的砝码。但是倘若不会说话，那么房产推销的过程中就会走得步履维艰，事倍功半。

费尽口舌说了一大堆，客户就是不买账；信誓旦旦一再保证，客户始终将信将疑；带客户看房，房源被客户说得一无是处；明明房源的性价比已经很高了，但是客户仍是要求降价；销售接近尾声，眼看着佣金就要拿到了，客户最后却反悔了……相信这些问题很多房产销售人员都曾碰到过。那么，大家应该如何解决这些问题呢？本书或许可以为你提供你需要的口才方法和技巧。

本书涵盖了对房产销售人员来说至关重要的各种实战技巧。从开场白到客户需求、从带看到跟进、从议价到售后，多角度、全方位地展现了房地产销售人员在日常工作中常见的各种问题的应对技巧，具有实战性、全面性和可操作性。书中还选取了大量的口才训练，用通俗易懂、生动活泼的语言表述出来，可以让销售人员在轻松阅读的同时掌握更多的沟通技能，练就强大的口才能力。

全书共分 6 章 74 小节，每个小节都展示了一个崭新的课题。文章内容采用"口才训练 + 口才训练解读 + 口才训练点睛"的结构形式展示。语言表达摆脱传统枯燥的说教模式，大量启发性口才训练为读者展示了各种行之有效的操作方案，广大房地产销售人员在实际工作中可随时借鉴应用，真正做到“现学现用”。

总之，这是一本集可读性和实用性于一体的房地产销售沟通口才训练手册，特别适用于房地产销售人员、相关培训机构以及有志于从事房地产销售工作的人士阅读使用。俗话说：“积土成山，集腋成裘。”只要每天学一点房地产销售口才训练的知识，那么日积月累，你也会成为能说会道、妙语连珠的房地产销售签单王。

王一禅

目　　录

第一章　口吐莲花，巧妙吸引客户的开场白

对于任何一名房地产销售人员而言，成交与否很大程度上取决于与客户最初接触的 30 秒，这 30 秒的第一印象一旦形成就很难改变。那么如何给客户留下好的印象，以博得他们的好感、引起他们的兴趣，从而有利于接下来的推销工作呢？其中最重要的一个内容是说好开场白，用语言的魅力给客户留下一个良好的印象。

口才训练1：巧妙地接待老客户推荐的客户

在推销活动中，房地产销售人员接待的客户通常有两个类型：一类是新的客户，一类是老客户牵线介绍过来的客户。相对于前者而言，后者接待的难度会更小一些。不过，尽管有老客户的介绍，有一定的信任基础，房地产销售人员在接待的时候仍然不可大意，否则不仅会辜负老客户的信任，还可能会白白错失一次成交的机会。

口才训练

某售楼大厅里，多名售楼业务员紧张地忙碌着，大厅里聚集了很多客户。有的在看楼盘，有的在看户型，还有的在和售楼人员交流。

房地产销售人员小李："赵哥，今天有空过来看房子啊？"

客户："嗯，今天休息，我给你介绍一下，这位是我表弟，你帮他挑选一套适合他的户型吧。"

小李："好的，放心吧，赵哥，表弟买房子的事就包在我身上。这是一些户型图，先生来这边看看吧，您想选一套什么户型的房子呢？"

客户："选一套复式，家里面有老人和孩子。"

小李："那您看看这个，它的卧室房间面积都很大，采光都是很不错的。"

客户："这个户型确实挺不错的，但是这个价格是不是有点高啊？你能不能和你们经理说一下啊，价格上给点儿折扣或者优惠啊？"

小李："这个户型一直都很抢手，现在只剩下不足十套了。另外，咱们这关系，我肯定给您推荐好的房子啊！至于价钱方面，我回头尽力帮您争取一下吧，但是我可不敢保证能降价。”

客户：“好好，谢谢你，我等你的电话。”

小李：“不客气，也不是别人。回头有问题随时联系我。”

客户：“好的，改天请你吃饭。”

口才训练解读

上面口才训练中的房地产销售人员小李在接待老客户推荐的客户的时候，表现出了对于老客户推荐的客户的特殊照顾，一直都是用自己的亲和力在表达销售人员的热情。同时，在老客户推荐的客户提出价钱上的优惠时，机智地给出了回答。即便无法满足老客户推荐的客户的要求，也不影响自己的本职工作，更不会影响朋友之间的关系。

其实，这其中包含着很多技巧。当客户提出价格优惠的请求时，即便可以优惠，也不要立即答应，因为很快就答应往往暴露出的是房价还有很大的让步空间。此外，房地产销售人员在面对介绍人的时候，可以说“您的亲戚就是我的亲戚”“买房子的事就包在我的身上”这一类话语，这可以让他们感觉在朋友面前很有“面子”。

房地产销售人员接待老客户推荐的客户的时候要掌握以下的技巧。

1. 初次见面，要拿出足够的热情，对于老客户推荐的客户给予必要的“照顾”。

2. 当老客户推荐的客户提出要求的时候，不可回答得太绝对。能不能让价都不可当时给出答复，必要的情况可以让经理给出答复。

3. 绝不能对老客户推荐的客户给出自己无法满足的承诺，一旦给出若无法实现，不但生意无法做成，也会使自身的形象一落千丈。

口才训练点睛

接待老客户推荐的客户需要一定的语言沟通技巧。房地产销售人员说出来的话既要顾及介绍人的面子，又要让被介绍人有一种受照顾的感觉。这样才能如鱼得水，紧紧抓住这次推销的机会。

口才训练 2：如何应对带很多人来看房的客户

房地产销售人员在接待客户的时候，总会遇到成群结队的客户，他们属于一个方阵，这样的客户往往对购买房产充满了诚心，但是向他们销售房屋也并非想象中的那样简单。因为一家人齐上阵，意见难免出现分歧，这时候特别考验房地产销售人员的口才技巧。好的销售人员舌灿莲花，往往能够迅速地获得一家人的认可。这些看房的人群中大致可以分为以下几种身份：决策者、资金供给人（拿钱买房子的人）、产权所有人（一般为房屋使用者）、军师。在这些人中，或许一人身兼数职，也可能多人多职。如何在意见纷纭中“舌战群儒”，非常考验售楼员的口才技巧。

口才训练

几个看似很亲密的人走进了一家售楼中心。

大刘：“先生，您好，我是售楼中心的房地产销售人员，有什么可以帮助您的？”

客户 1：“你们都有什么户型啊？给我选一个能住得下我们一家六口的复式楼。”

大刘：“好的，您稍等，我马上给您找一下。您看看这套户型图，我给您家人每人都发一张吧。”

客户 2：“复式楼户型图还不少啊。”

大刘：“是的，现在这个 A1 的复式楼户型图特别抢手，选这个的特别多。这个户型是四个卧室全都朝南，储物间也很宽敞，上下楼层均有独立的卫生间，室内采光也非常好。”

客户 1：“看着是不错，你们感觉怎么样啊？”

客户 2：“这个窗子我看着不习惯啊，而且这楼梯有点儿怪。”

大刘：“您好，您的眼光不错，一眼就看出了楼梯比较有特点，这楼梯是著名的设计师设计的，它的风格，非常简约大方。”

客户 1：“我看着这个楼梯还可以。”

大刘：“是啊，这个楼梯的宽度是 2.4 米，人站在上面随意做任何的动作都可以的。”

客户 3：“可是这上面标的价格太高了啊，明显超出了我们的预算。”

大刘：“您说的没错，我们这是针对像你们这样的高端客户开发的高档楼盘，价格确实有点儿贵，但绝对物超所值。”

随即大刘转向客户 1：“从您的谈吐上就看得出来，您很有实力，您是一个讲究居住条件的人，这套房子非常适合咱们人口多的家庭居住。这样，我带大家来看看这个户型，保证你们喜欢。”

客户 1：“好，那我们一起去看看户型吧。”

口才训练解读

当客户带着亲友团来到售楼中心的时候，销售人员总是感觉力不从心。在上面的口才训练中，房地产销售人员在接待多人的客户团体时选择率先说服决策者和掏钱者（客户 1），这是比较明智的策略。对于其他的参谋者，销售人员都要有礼貌地给出回复，这一点是很重要的。同样是客户，不应该厚此薄彼。此外，房地产销售人员也很聪明地去赞美决策者身边的众参谋者，使他们不要频频给出反对意见。

首先，在接待多人客户的时候，还是有很多技巧的。客户来到售楼处的时候，房地产销售人员首先为他们端茶倒水，或者端上来一些小点心请他们吃，以示热情和关照。

其次，在向他们分发户型图传单时，要保证人手一份，不可只给其中的一个人或者几个人。对于 3 个人的客户群体可以自己一人进行接待。如果超过 3 个人，可以邀请身边有空的同事一起接待。

另外，在介绍楼盘的时候，要针对每一位客户的问题进行解答，并且照顾到所有人的感受，不要冷落了个别人。并且在和同事一起接待多人看楼团的时候，不要当场纠正同事向客户介绍情况中出现的错误，更不能当着客户的面去互相使眼色。这些状况或许您感觉不太严重，但是在实际销售中，容易给人留下不真诚的印象。

在讲解之后，对每个人说说你对于他们看重的户型的简单理解，并且将自己的名片递给其中的每一个人。随后就要重点说服客户中的决策者。

口才训练点睛

房地产销售人员在面对一个客户群体的时候一定要统筹兼顾，不管是端茶倒水，还是分发户型图，或是介绍楼盘，都不能冷落或者忽视其中任何一个人。当然，此次推销的重点还是具有决策权的客户，销售人员在统筹兼顾的基础上要记得将说服的重点放在真正的决策者身上。

口才训练 3：有技巧性地解答客户的疑惑

在楼盘开盘的时候，售楼大厅里总是有许多的客户。这时候，咨询楼盘情况的客户自然不在少数，面对着不同客户的不同问题，房地产销售人员如何给出适宜的解答就显得尤为重要。话多显得赘述，话少又显得敷衍、回答不够清晰。另外，在咨询楼盘的人群中或许还存在着小部分的竞争对手，这就需要销售人员在表达中分清主次，给予所有的客户技巧性的回答，这样才能使自己在销售活动中占据主动地位。

口才训练

某房地产销售中心的楼盘开售，售楼中心汇集了很多客户，这些客户就楼盘的相关情况向销售人员提出了很多问题。

房地产销售人员："您好，这里是 ×× 房地产销售中心，我是售楼员，请问有什么可以帮您的吗？"

客户："你好，请问你们这个楼盘的房屋一般价位是多少啊？都有什么户型啊？"

房地产销售人员："先生，您好，我们这里的楼房分好几种价位，不同的户型价格都不一样。不过这里所有的房屋都是有质量保证的，可供您挑选的户型也是多种多样的。"

客户："噢，那你们这个楼盘的承建方是哪家单位啊？我想了解一下这家单位的实力。"

房地产销售人员："我们这边的房子是 ×× 单位承建的，质量绝对过关；

另外，房屋的设计也是一流的。先生，你有时间可以带上家人亲自看看。”

客户：“好啊，找时间我一定去看看。”

房地产销售人员：“这样吧，先生，您若是以后来看房子可以直接来找我，我姓张，您留一个联系方式吧，方便以后联系。”

客户：“好的，139××××××××。”

房地产销售人员：“您贵姓？”

客户：“免贵姓王。”

房地产销售人员：“好的，王先生，以后您有任何的问题都可以找我咨询，我会竭诚为您答疑解惑的。”

客户：“好的，谢谢了。”

房地产销售人员：“不客气，再见。”

口才训练解读

当客户问一些和买楼联系不密切的问题时，口才训练中的房地产销售人员巧妙地将交流的话题转移到带看的问题上来。在客户询问价格和户型的时候，他发现客户询问的范围有些大，明显不像是买房子的人，他巧妙地转移话题，告诉客户售楼中心的户型一应俱全，价位由高到低、依次不等。最后留下了客户的联系方式，以便日后进行电话跟踪。

通过上面的对话不难发现，房地产销售人员在回答客户的问题时，两人的交流一直是销售人员占据主动地位，在回答客户的问题时做到了分清主次。该清楚的时候绝不含糊，该含糊的时候也能巧妙应答。

房地产销售人员在解答客户疑问的时候要严格遵守以下技巧。

1. 对于客户咨询的楼房信息，要谨慎地对待。假如客户的问题关乎公司的机密或者利益，则要有策略的回答，或者邀请其直接看房。

2. 若是回答一般客户的问题，就应该深入了解之后给出客户准确透彻的回答，不能模棱两可、似是而非。

3. 在与客户的交流中，房地产销售人员要去深入挖掘客户的实际需求。此外，留下客户的姓名和联系方式以及邀约带看同样也是必不可少的内容。

口才训练点睛

《孟子》里有这样一句话："人有不为也，而后可以有为。"房地产销售人员在解答客户疑惑的时候也要懂得审时度势，学会取舍，该清楚回答的问题要毫不隐瞒，客户不该知道的问题一定要有技巧性地回避，这样才能使销售人员在推销活动中掌握主导权。

口才训练 4：用语言给客户留下完美印象

房地产销售人员如何在一开始的时候就给客户留下完美的印象呢？其实一个恰如其分的开场白十分重要，好的开场白能使客户如沐春风，心旷神怡。反之，如果在刚开始接待客户的时候就语言粗鲁，不讲礼貌，表现得三心二意，那么很难给客户留下完美的第一印象，更别提完成销售任务了。

口才训练

某天，售楼处来了一个中年男人，房地产销售人员小孙赶紧过去接待。

小孙："先生，您好！我是销售人员孙 ××，请问有什么可以帮助您的吗？"

客户："您好，听说你们这儿最近推出一个新楼盘，我特意过来看看。"

小孙："哦，是的，您说得很对。这周我们新推出了150套特价房，性价比非常高，户型齐全，精装全配。您这边请，我给您倒一杯茶，您坐下来慢慢了解。"

客户："谢谢你啊，小孙。我想要一个三居室的房子，不知道你们这儿有没有啊？"

小孙："先生，您可算来对地方了，咱们最新推出的楼盘户型面积集中在85～170平方米……"

客户："哦，听着还不错。"

小孙："是啊，先生，我带您带看一下，房子究竟合不合您的心意，您实地感受一下就知道了。对了，先生您贵姓呢？方便透露一下您的联系方式吗？"

客户："免贵姓马，我的电话号码是158××××××××。"

……

口才训练解读

房地产销售人员在接待客户的时候，首先要主动问好，这是售楼员的亲和力和职业素养的基本体现。另外，在和客户交流的时候也要注意自己的语调、语速。不同的话用不同的语气说出来表达的含义完全不同。

在上述口才训练中，房地产销售人员小孙在碰到客户的第一时间主动问好，并且简单地介绍了自己的职业身份和姓名，有礼有节地给客户树立了一个文明礼貌的良好形象；然后又询问起客户拜访的意图，并及时地解决客户的疑问，给予客户必要的反馈。最后，还不忘询问客户的姓名和联系方式，以便进行后期的电话跟踪。可以说整个接待过程有条不紊、有礼有节、应对自如，为广大房地产销售人员做了一个很好的示范。

房地产销售人员在与客户交流的过程中，要认真把握好沟通的细节，不断地探寻客户的需求，然后给予其必要的反馈。此外，在客户讲话的时候，房地产销售人员不能随意打断，等客户发完言后再说话，这是对客户最起码的尊重。

对于回答不了的问题，销售人员也要坦然告知，不可用虚假的信息搪塞客户。此外，房地产销售人员也要多多地使用礼貌用语，例如，“您好”“欢迎光临”“请问”“不用谢”等。俗话说：“油多菜不坏，礼多人不怪。”销售人员文明礼貌的习惯用语很容易给客户留下一个极好的第一印象。

口才训练点睛

对于房地产销售人员而言，成交与否很大程度上取决于与客户最初接触的那30秒。可以毫不夸张地说，第一印象在客户以后的决策中占据主导作用。因此，为了能给客户留下一个完美的印象，销售人员在接待客户的时候一定要注意使用文明用语，说话的语速也要把控得当，这样才能给客户留下一个专业的职业印象。

口才训练5：这样说可以成功邀约客户面谈

在实际的销售过程中，签单是不可能在电话中完成的。因此，这就要求销售人员掌握一定的邀约技巧。而要想实现与客户的成功面谈，房地产销售人员就得说好电话开场白。这是吸引客户见面洽谈的关键所在。倘若一开始就无法吸引客户的注意力，那么销售人员很有可能吃到客户的闭门羹。

口才训练一

（客户有意向房源。）

房地产销售人员：“您好！这里是××房地产经纪有限公司，请问有什么可以帮到您的吗？”

客户："你好，我在网页上看到你们那里有一套××小区的三居室的房源，是吗？"

房地产销售人员："是的。请问您贵姓？"

客户："免贵姓马。"

房地产销售人员："马小姐，您好！咱们这儿的这套房子南北通透，两卧客厅全南，房间和客厅都很大，还带两个阳台。"

客户："哦。这个小区的房子离××重点学校近吗？"

房地产销售人员："是这样的，马小姐。您小孩儿今年大多了？"

客户："5岁半，再过一年半就可以上小学了。"

房地产销售人员："嗯，马小姐，那这套房子就真的很适合您。您也知道，离××重点学校近的房子很抢手，每个家长都希望自己的孩子享受优质的教育，所以能碰到离重点学校近的房子也很不容易，我希望您能抓住机会。"

客户："哦，这个价格有点儿贵啊！能不能给我降降价？"

房地产销售人员："马小姐，在这片区域，这套房子的价格已经算是比较实惠的了。不过，这房子到底要不要买关键还是要看您喜不喜欢，您说是吧？我建议您还是先看看房子，您看是上午方便还是下午方便呢？"

客户："上午我有事，下午2点吧。"

房地产销售人员："好的，马小姐，那咱们今天下午2点在公司碰个面。公司的地址等会儿我会微信发给您，您方便存一下我的手机号，您过来时可以给我先打个电话。"

客户："好的。"

口才训练二

（客户没有意向房源。）

房地产销售人员："您好，这里是 ×× 房产公司，请问您有什么需要咨询的？"

客户："我想要买一个两居室的房子，请问你们这儿有合适的给我推荐一下吗？"

房地产销售人员："有的。先生，请问您怎么称呼？"

客户："我姓王，叫王斌。"

房地产销售人员："王先生，您好！除了户型，您还有别的其他方面的要求吗？"

客户："我需要坐北朝南，采光条件好的房子。"

房地产销售人员："那您理想的楼层是什么呢？"

客户："六七层吧。"

房地产销售人员："好的，王先生。您看这样好吗，我现在就帮您找一找匹配的房源。不知道您什么时候看房方便呢？"

客户："明天吧。"

房地产销售人员："好的。王先生，那我现在就帮您查找一下房源，等找到合适的，我再给您打电话。请问您的电话号码是？"

客户："这个手机号就是。"

房地产销售人员："好的。王先生，那 20 分钟后咱们再联系。"

客户："好的。"

口才训练解读

在邀约客户的时候，一开场就需要紧紧抓住客户的需求，根据客户的关注点吸引他们前来面谈和实地看房。口才训练一中的销售人员在电话邀约的时候就紧抓住客户的需求点，继而为其营造出房源很抢手的氛围，从而深深吸引到客户的注意力，使之愿意前来面谈。

而口才训练二中的销售人员则通过先查询房源后联系的方式让客户感觉到你对他这单生意非常重视，进而很顺利地得到客户的联系方式，并为以后的实地带看和面谈打好了基础。

邀约客户面谈的时候，销售人员需要注意以下几个沟通的要点：

1. 意犹未尽，给客户留下一定的悬念

不管客户有没有意向房源，销售人员都不可以将房源的相关信息悉数告知。此时，“犹抱琵琶半遮面”是吸引客户最好的方式。常用的沟通技巧有：“先生，房子您满不满意需看了才知道，您看什么时候方便，咱们一起到实地看看？”“大姐，很多细节电话里不方便沟通，您抽空到我们公司坐坐，我再向您详细解说，可以吗？”

如果客户答应了，那么约见的详细地址、具体路线就得及时地跟他们交代清楚。如果有必要的话，也可以与客户约定具体时间，并且告诉他你将专程等候。

2. 用封闭性的提问与客户敲定面谈的时间

与客户约定看房的时间时，尽量不要用开放式提问，而要用封闭式提问。比如“您看什么时候到我们这儿来谈谈？”这样客户会很自然地回答“有空再说吧。”但是假如你这样问：“您是上午过来还是下午过来？”客户会不自觉地在你提供的范围内选择。这种选择性的问询方式既尊重了客户的自由意愿，又使得销售的主动权掌握在销售人员自己手里，真可谓一举两得。

口才训练点睛

在电话邀约的开场白中，销售人员一定要紧扣客户的需求，有意识地为其制造一定的悬念，切勿将房源的信息全部交代，这样会让客户失去面谈和看房的兴趣，也会使自己陷于被动的局面。

口才训练 6：客户敷衍说只是随便看看

房地产销售人员在遇到客户的时候，往往会询问其需求，但是并不是所有的客户都会说出自己的心理诉求，总有人说“随便看看”。遇到这样的情形，只要把握住技巧就可以打开客户心里的防线，层层深入地剖析，一旦知道了客户的需求便可以“有的放矢”，采取必要的策略，继而一鼓作气促成交易。

口才训练

房地产销售人员：“这位女士，您好，欢迎光临 ×× 售楼处，我是业务员小李，请问您想选择什么样的户型呢？”

客户：“你先忙去吧，我随便看看。”

房地产销售人员：“哎哟，老乡啊，您是东北人吧，我也是东北人。”

客户：“是吗？你是东北哪的啊？我是辽宁沈阳的。”

房地产销售人员：“我是辽宁铁岭的。遇到老乡了，真开心。你过来买房子啊？”

客户：“是呀，过来买房子，我看看那个两室一厅的。”

房地产销售人员：“那您看看这套房子，这个各方面条件都不错。室内也宽敞，采光也很好。”

客户：“真没想到，在这里还能碰到老乡啊。”

房地产销售人员：“是啊，碰到了老乡，有点儿意外啊。以后买房子有任何的问题包在我身上。”

客户：“好的，没问题。”

口才训练解读

一般来讲，客户说“随便看看”的时候无外乎两个原因：一种是心血来潮，真的想随便看看；另一种就是不想暴露心里的想法，想自己再了解一下，不希望售楼员打扰。碰到第一种，自然可以听之任之，任其观望。第二种就要主动打开话匣子，有针对性地对楼盘进行解释。当然，在交流的过程中，恰当的客套和赞美是很有必要的。

在上述口才训练中，销售人员采用的是开门见山和巧言套近乎的方法。其实无非就是打开客户的话匣子，讲述双方感兴趣的话题，降低客户内心的防御心理，从而建立有效的沟通，最终促进房屋的销售。

此外，在房地产销售的过程中，销售人员不可避免地会有“剃头挑子一头热”的时候，一腔热情地接待客户，但是客户却并不买账。在这种情况下，销售人员千万不要气馁。顶尖的房地产销售人员通常具备良好的心理素质，对方不说话，他们就会主动问好，并且一直面带微笑，耐心地讲解各个商品房的优缺点。

口才训练点睛

当客户说“随便看看”的时候，销售人员最好不要听之任之，放弃这个沟通的机会。通常来讲，优秀的销售人员都会积极发挥自己的主观能动性，想方设法打开客户的话匣子，从而为双方后续的交流和成交创造可能性。

口才训练 7：接听客户询问开盘情况的电话

在楼盘开售的时候，少不了大批的客户打电话过来咨询相关情况。这时候房地产销售人员就要掌握沟通的技巧，知道哪些话可以说，哪些话不应该说，应该怎么样去说才能吸引电话咨询的客户到售楼处看房，这些技巧都是房地产销售人员应该掌握的。

口才训练一

伴随着一阵急促的电话铃声，售楼处的电话中传来了美妙的音乐。

房地产销售人员："您好，这里是 ×× 售楼处，我是这里的房地产销售人员，请问有什么可以帮助您的？"

客户："你们那里开盘都是什么户型啊？有大户型吗？"

房地产销售人员："先生，您好，我们有大户型、小户型、复式楼。"

客户："我想买个复式楼，而且室内有四个卧室的，采光好的，有吗？"

房地产销售人员："符合您条件的房子当然有，不过关于房源的详细情况比较烦琐，电话里面交流也不太方便，为了让您有一个真切地体会和详细的了解，咱们不妨约个时间，我带您亲自看看，体验一下，可以吗？"

客户："好啊。"

……

口才训练二

房地产销售人员："先生，您好，这里是 ×× 售楼处。今天我们的楼盘开售，请问您想知道关于房子的哪些情况呢？”

客户：“我们现在住的房子有点儿小，想要换个大点儿的，你给推荐一下。”

房地产销售人员：“好的，我们这儿大户型的房子也比较多，有三室两厅的，也有三室一厅的，带两个卫生间，采光条件也非常好，居住环境优雅，适合家里人多的客户购买。”

客户：“啊，这样啊，那你们的房子贵不贵啊？多少钱一平方米啊？”

房地产销售人员：“关于房屋的价格还要具体情况具体分析，价位由高到低，依次不等。不过在这一片儿，我们的价格是比较优惠的。我还是建议您先看看房子吧，不管房子价格如何，关键是您要喜欢，对吧？您看您是今天下午有空还是明天上午有空呢？”

客户：“明天上午吧。”

口才训练三

房地产销售人员：“先生，您好，这里是××楼盘销售中心，请问您有什么问题需要咨询的吗？”

客户：“我想买一套小户型的房子，两室一厅的，有吗？”

房地产销售人员：“先生，有的，请问您还有其他方面的要求吗？”

客户：“我要双卧室都带有采光的，就是两个卧室都朝南的。楼层的话最好选择中间的，不要太高，也不要太低。”

房地产销售人员：“好的，先生。您看这样好吗？我现在帮您查询一下，看看哪套更接近您的需要。您看什么时候有时间过来看一下房子。”

客户：“明天下午吧。”

房地产销售人员：“嗯，好的，没问题。那我即刻帮您找一下合适的房子，等找到了我电话联系您。请问您贵姓，电话号码是多少？”

客户：“我姓秦，这就是我的手机号码，你存一下。”

房地产销售人员：“好的，秦先生，我知道了，我20分钟后给您打电话，可以吗？”

客户：“好的。”

口才训练解读

当客户打电话询问开盘的情况时，销售人员最禁忌的就是事无巨细地告知他。假如客户对房源的各项情况（小区名称、户型、朝向、格局、建筑面积、所在楼层等）了解得一清二楚了，那么他就没有过来了解的兴趣了。因此，在电话沟通中，销售人员不能回答得面面俱到，只有给其留下一定的悬念，才能吸引客户前来面谈和实地看房。上述口才训练中的销售人员正是懂得这样的道理，所以他们在回答客户的询问时才会有所保留，或者回答得含糊其词，从而给客户带看创造了一些可能和机会。

当然，在回答客户询问的时候，房地产销售人员既要有所保留，还得利用自身对于楼盘的了解，给予客户耐心、细致的解答，根据客户的需要帮其推荐合适的户型。不过，介绍楼盘的最终目的是吸引其看房以及购买，所以销售人员在介绍完毕之后，最好还是用真诚的语气邀约客户来到售楼处现场选择，进一步确认，继而带其看房、签约等，这样才能真正达到成交的目的。

此外，在回答客户的电话提问时，不清楚的或者不好回答的可以说不太清楚，万万不可为了市场效果夸大事实、欺骗客户，这样客户来到售楼处核实的时候就很难办了。诚实守信是一个房地产销售人员最基本的职业要求和素养。

口才训练点睛

当销售人员接听到客户询问开盘情况的电话时，要坚持适度作答的基本原则。另外，记得将谈话的着重点放在吸引客户带看上来，这样才能化被动为主动，从而为下一步的约谈以及成交做好准备。

口才训练 8：同客户寒暄几句，突然不知道说什么了

销售这份工作既考察人的反应能力，还有口才。良好的口才可以很快地帮助你打开对方的话匣子，拙劣的口才则恰恰相反，让对方瞬间无语。一般刚入职不久的销售人员经常会遇到这样的情况，在同客户简单寒暄之后不知道接下来该说什么了。这样的情况若发生，首先是彼此尴尬，其次客户也会感觉到你的个人能力不足，专业能力也有问题，最后自然会导致销售失败。

口才训练

房地产销售人员：“先生，这大冬天的外面挺冷吧，快到这边坐。”

客户：“好的，谢谢啊。”

房地产销售人员：“您一个人来的啊？”

客户：“是啊，家人今天有事要忙。”

房地产销售人员：“啊。忙着呢。”

两个人的交流到此处就变成了沉默，房地产销售人员也没有再说出一句话。

口才训练解读

这是一个很失败的开场白。寒暄了几句就进入了死胡同，那么接下来的

销售工作就很难开展了。而优秀的房地产销售人员都是寒暄的高手，他们从一开始就能建立轻松和谐的沟通氛围。

一般来说，房地产销售人员在和客户寒暄的时候需要注意以下几个要点，这样可以避免无话可说的尴尬。

1. 寒暄可以是多方面的

天气、工作、家庭、喜好、购物、教育、运动等都可以成为寒暄的话题。但是有一点销售人员必须记住：寒暄的内容必须契合客户的兴趣点，这是一个营销的技巧。客户只有碰到自己感兴趣的事物才能畅所欲言，放松心情，打开心扉，与销售人员建立亲近感。

2. 寒暄可以根据客户的年龄、性格、性别区分对待

如果是中年人想买二手房，销售人员可以从他的孩子、老人谈起。作为家里的顶梁柱，给他们一个安稳的居所是有责任心的表现。若是中年女士，销售人员不妨夸她年轻、有气质、有家庭归属感等，并显出羡慕感；年轻人则要显出有共同语言，如谈购物、化装、减肥、男朋友、上网、运动、理想、人生、抱负等，和自己同性别的还可表现出惺惺相惜、默契的感觉。沟通要主动，因为客户不可能主动告诉你他的个人信息，更不会主动和你拉近关系。

3. 寒暄要避开客户的隐私

有时候寒暄可能会涉及客户的隐私，此时如果客户不主动告知的话，一定不要主动提及，如客户的收入、婚姻等。

当然寒暄还可以根据内容，分为问候式寒暄、赞美式寒暄、聊天式寒暄、攀亲式寒暄、应变式寒暄等。销售人员可以根据当时所处的环境灵活运用。

口才训练点睛

寒暄是房地产销售人员与客户沟通的一种最常用的交流方式。它可以消

除客户的戒备心理，更好地搭建沟通和交流的桥梁，在推销过程中起着非常重要的作用。房地产销售人员在和客户寒暄的时候一定要熟练掌握相关的语言技巧，这样才能使后续的交流和沟通顺利地开展下去。

口才训练9：如何接待那些不理你的客户

房地产销售人员在实际与客户的交流中，并不会总是顺利的。有些客户因为种种原因不愿意搭理售楼人员，碰到这一类的客户就要使用一些特殊的语言技巧来搭建沟通的桥梁。

口才训练一

在某售楼大厅，有一位中年妇女站在展台旁边认真地浏览着户型宣传册。

房地产销售人员："您好，请问您打算选什么户型的房子呢？是您住，还是其他人住啊？"

客户听到说话声，抬起头瞅了一眼眼前的房地产销售人员，继续翻看着手中的户型宣传册。

房地产销售人员："您好，请问您打算买什么样的户型啊？我可以帮您推荐。"

客户又抬起头瞅了一眼这个销售人员，还是没有答话。

房地产销售人员："大姐，我们楼盘最近在搞一个优惠活动，有几套楼房可以享受特价，不知道您有没有兴趣了解一下？"

客户："哦，哪几套楼房打折啊？"

口才训练二

房地产销售人员："大姐，您好，请问您想选择什么样的户型呢？我们这儿几乎什么户型都有。"

客户："不知道。"

房地产销售人员："您想选择什么样的户型啊？我帮您推荐一下。"

客户这次没有答话，直接拿着户型图在客人区的沙发上面坐了下来，销售人员看到这情景，赶忙也跟着客户走了过去。

房地产销售人员："大姐，您是一个舞蹈家吧。"

客户："为什么这么说？"

房地产销售人员："我看见您身材苗条，气质出众，一举一动非常端庄优雅，应该是一个很会跳舞的人。"

客户："你还真有眼光。"

口才训练解读

在房地产销售人员问及客户对房源的具体要求时，难免会遇到客户不理不睬、避而不答的尴尬情形。一般来说，客户对于房地产销售人员不予理睬的原因不外乎以下几种。

1. 客户的性格就是如此。部分客户自身非常内向，不善于表达自己的想法和意见；还有一些比较理智的客户，他们比较相信自己的判断，也想自己选一套房子，对于销售人员的建议大多缺乏信任。

2. 客户想在和房地产销售人员的交流以及后期相关事宜上占据主动地位，通过对售楼人员不理不睬，从心理上打击销售人员，从而为自己赢得主导权。

3. 客户不习惯一上来就被问东问西。他们自身对于楼盘或者户型图的情况了解不多，想自己探明情况，做到心中有数，等遇到不明白的问题才会去咨询房地产销售人员。

无论是上述哪种原因，房地产销售人员都不可以直接放弃，而应该采取迂回战术，先把房子的问题放到一边，然后采用赞美的语言先和客户联络感情，待客户的自尊心得到满足，话匣子打开时，他自然会提及自己对房源的一些要求和看法，这样后面的推销工作也就可以顺利地展开了。

当然，除此之外，房地产销售人员还可以适时地抛出一些“诱饵”，以一定的价格优势引导客户参与到谈话当中来。口才训练一和口才训练二中的销售人员就分别采用了利益引导法和赞美法为销售打开了突破口。

另外，房地产销售人员也可以从客户感兴趣的话题入手，激发客户的聊天兴趣，然后深入浅出地谈房子，这样客户的信任度会有所增加，交流起来也不会那么困难了。

口才训练点睛

面对不理不睬的客户，房地产销售人员可以用赞美法、利益引导法打开销售的突破口。当然，销售人员还可以从客户感兴趣的话题入手，激发客户交流的欲望，从而获知客户的想法和需求。

口才训练 10：巧妙问出客户的相关资料

在房地产销售中，销售人员要想将房源顺利地推荐给客户，首先需要探知客户的需求，而挖掘客户的需求又离不开客户的相关资料信息。例如，客户的职业收入、家庭背景等因素。那么，房地产销售人员应该如何获知这些相关的资料呢？

口才训练

房地产销售人员：“先生，您好，我是这里的房地产销售人员，有什么可以帮到您的吗？”

客户：“我来挑个户型，看看房子。”

房地产销售人员：“那您之前是在哪个地方居住？”

客户：“之前我们一家六口人在 ×× 路 ×× 家园家属楼里面住。”

房地产销售人员：“哦，那您对新的房源有什么样的要求呢？”

客户：“我想找一个面积大的房子，至少要在 140 平方米以上。”

房地产销售人员：“哦，我们这儿的房源户型齐全，有三室两厅的，有四室三厅的，还有……”

客户：“哦，三室两厅的就够用了。”

房地产销售人员：“那您对楼层有什么样的要求吗？”

客户：“二三层就可以了，要不家里有老人出门不方便。”

房地产销售人员：“哦，先生，是这样的，我们这儿的付款方式不同，优惠力度也不一样。不知道您是想要一次性付款呢，还是按揭？”

客户：“按揭吧，一次性拿不出那么多钱。”

房地产销售人员：“麻烦您告诉我一下您的联系方式，可以吗？”

客户：“这个就没必要了吧，我想要买的话自然会找你们的。”

房地产销售人员：“是这样的，我们明天会公布按揭付款的优惠政策，我想到时候通知您一下，这样您就可以多一个参考和比较的对象。您看是不是……”

客户：“哦，那你存一下吧，我的号码是 159……”

口才训练解读

房地产销售人员在同客户交流的时候，要注意说话的含蓄性和语言的适度性，这样才能创造一个轻松和谐的交流环境。问得过于直接很容易引起客户的警觉、反感和厌恶。比如，“您想搬家的原因是什么？您家里几口人啊？孩子多大了？上学了吗？”这样的提问就没有拿捏好尺度，跟连珠炮一样，肆无忌惮，无所顾忌，很容易让客户极度反感，最终使两人的交流就此画上句号。

而口才训练中的销售人员就是一个善于使用语言的高手。在探知客户信息的时候，他采用直截了当的方式探明了客户理想的户型、楼层、面积、付款方式等。必要的时候还采用了优惠促销的方式引导客户说出自己的联系方式，从而为后续的跟进创造了可能。

通常来讲，客户的资料包括：姓名、住址、联系方式，偏好的户型、楼层、朝向、面积、付款方式等。销售人员要想获得这些有效的信息，就得学会循序渐进，用好迂回询问法。比如“先生，您问的这个问题我不太清楚，需要请示一下经理，您把您的手机号码告诉我，我弄明白之后再给您打过去，好吗？”这样在迂回曲折中得到了客户的联系方式。

当然，开门见山式的直接询问也是销售人员获取客户资料的又一个有效的方式。比如，“张姐，您的手机号码是多少？我存一下。”

最后，房地产销售人员需要注意的是，探听客户的资料信息需要讲究一定的语言技巧，不可急躁或者鲁莽，更不可连续发问，这样会给客户一种被审问的错觉。比如：“您贵姓啊？现在住在哪里？手机号码是多少？”

口才训练点睛

房地产销售人员在探知客户基本信息的时候，可以采用直接询问法、迂回询问法、利益引导法等多种方式。此外，销售人员在询问客户资料的时候也要注意发问的方式、方法，以免给客户带来一种不安全的感觉，从而导致销售就此终结。

口才训练 11：客户来找的售楼员早已离职

很多客户在买房子的时候都喜欢找认识的人推荐，或者找之前接触过的销售人员，这样的做法往往会给他们带来一种安全感。但是在房地产销售行业，人员的流动性普遍都比较大。今天在 A 单位，明天可能就在 B 单位了。当客户上门寻找的售楼员已经离职的时候，你会怎么做呢？是主动接待，继续前任销售员未完成的事业？还是无动于衷呢，任由客户流失？

口才训练

房地产销售人员：“先生，您好，我是 ×× 售楼处的销售人员，您有什么事吗？”

客户：“小伙子，我来找一个人啊，他也在这做销售，他叫 ××。”

房地产销售人员：“先生，真不好意思啊，他在上个月初就已经办理离职手续了。”

客户：“他为什么会离职啊？我还是听一个朋友说他人挺好的，找他买房比较靠谱呢！”

房地产销售人员：“先生，是这样的。他的母亲得了大病需要做手术，家里没人照顾，所以他不得不辞职陪护。”

客户：“哦，这样啊，看来那个小伙子确实是一个负责任的人，你们公司的员工还挺靠谱的啊！”

房地产销售人员："谢谢您的夸奖。我是和他业务对接的小张，您有什么需要尽管和我说，很高兴为您服务。"

客户："哦，我想要买一套小户型的房子……"

口才训练解读

不管客户点名要哪位销售人员，只要上门，就是公司的客户。在岗的销售人员应该及时告知客户前任销售人员离职的事实，然后对于客户的问题给予真诚而耐心地解答，让自己迅速取得客户的信任。

当然，为了更好地留住客户，销售人员有必要对前任销售人员的工作适当地表示肯定，以此来获得客户的同感和共识。有些销售新人，为了赢得客户的好感，故意贬损前任，抬高自己，最后只能是搬起石头砸自己的脚，因为没有人喜欢落井下石、背后诋毁他人的人，客户也不例外。

比如，"您要找的那个小李因为违纪被公司开除了，早就卷铺盖走人了，您想要买房找我吧！"这样的离职理由过于晦暗，即便是情况属实，也有些落井下石的味道。这会让客户感觉很不舒服，进而对销售人员产生厌恶的感觉。

面对同样的问题，口才训练中的房地产销售人员就做得很好，他坦诚地告知了客户前任销售人员辞职的事实，然后用一个母病陪床的孝顺事实解释了前任销售人员辞职的原因，从而使客户对他所在的整个公司的员工素质都有了好感，这样就很有利于推销活动的继续进行。

新接待的销售人员在后续服务的过程中，需要巧妙提问，快速取得客户信息，增进双方的沟通和了解。并且针对客户的具体情况，耐心地为其提供帮助，以拉近自己与客户的距离，早点儿建立牢固的信任关系。在沟通的过程中，要准确地把握住客户的关注点，及时有效地满足客户的购买需求，扮演好客户新一任房地产经纪人的角色。

口才训练点睛

“铁打的营盘流水的兵。”面对再次登门的客户，负责交接的销售人员一定要坦诚相待，快速取得客户信息，准确把握客户的需求点，用优质的服务赢得其信任和好感。当然，在解释前任销售人员离职的原因时应从正面解释，避免不必要的负面影响。

口才训练 12：用幽默营造沟通的和谐氛围

在人际交往活动中，幽默是一种最富感染力、最具有普遍传达意义的交际艺术。它既能给人带来一种心灵上的愉悦和轻松，又能够提升他人对自己的印象，同时还能活跃交流沟通的氛围，拉近人与人之间的心理距离。因此，人们大多喜欢和具有幽默感的人交往。在房地产销售中，每一个销售人员都应该练就这样的本领，用诙谐幽默的语言消除客户的紧张心理，使整个交流过程变得轻松愉快，这样才容易使销售朝着理想的方向发展。

口才训练

一天，房地产销售人员小夏领着一对夫妇向一栋楼房走去，他当天的任务是给这对夫妇销售新房。为了能够快速完成任务，一路上，他一直喋喋不休地夸耀这栋房子和这个居民区：“瞧，这个小区的植被覆盖率多高！一眼望去，绿意盎然，遍地鲜花绿草，这儿的居民生活得很健康，谁也舍不得离开这里。”

碰巧就在这时，他们看见一户人家正在忙碌地搬家。随即这对夫妻相视一笑，意味深长地看小夏如何自圆其说。

这时，小夏笑呵呵地补充道：“你们看，他是这儿开诊所的医生，竟然因为生意惨淡，开不下去了，只得到别处开业谋生了！”

夫妻俩没想到这位销售人员反应这么快，更没想到他人这么有趣，于是忍不住说："我们好久没有见过像你这么有意思的销售人员了，今天的带看过程一定会非常有趣吧。"

最后，三人说说笑笑一起上了楼。

口才训练解读

幽默是人际交往中的润滑剂，也是活跃氛围的一剂良药。幽默的人走到哪里就会将笑声带到哪里，如果你是一个房地产销售人员，那么你也试着做一个谈吐幽默风趣的人吧。因为这样会给客户带来很多快乐，同时也容易让客户放松戒备和对立，从而给房地产销售带来意想不到的效果。

在上述口才训练中，销售人员就是利用幽默化解了自己的尴尬，同时也让客户对自己充满好感，在活跃交流气氛的同时也顺利地推进了销售的进展。

房地产销售人员利用幽默营造氛围的时候需要注意以下几点。

1. 幽默的话要把握好分寸

在销售活动中，适当讲一些小笑话，适当的幽默可以缓解紧张的气氛，使沟通氛围更为轻松愉悦，可以迅速拉近与客户的距离，打开客户的心扉。但千万不要过度，如果掌握不好分寸，会给客户留下轻浮、不可靠的印象。

2. 幽默要避开客户的隐私

在和客户交流时，可以对一些紧急出现的尴尬场面适当调侃，但不要拿客户的一些私人问题说笑，尤其是一些较为敏感的话题。比如，年龄、相貌、财产等，千万不可触碰。否则容易伤害客户的自尊心，从而引起对方的不满。

3. 幽默的话要边笑边说

在和客户用幽默沟通的过程中，销售人员一定要保持和善的语气，轻轻地微笑；否则容易引起客户的误会。如果把幽默的话说得过于严肃，落在客户的眼里反而是一种嘲讽，结果不但没有活跃交流的氛围，反而破坏了销售人员和客户之间的关系。

4. 幽默的话要和推销的内容有关

推销的目的只有一个，那就是达成交易。有些销售人员幽默细胞很发达，开玩笑的手法也相当高明，但是一开起玩笑来，就容易把话题越扯越远，最后冲淡了谈话的主题，导致交易的失败。所以，销售人员一定要注意避免犯这样的错误。

口才训练点睛

幽默既是语言的艺术，又是沟通最好的调剂品。不过销售人员在运用这门语言艺术的时候，一定要注意把握说话的尺度，避开客户的隐私，同时还要防止幽默的话冲淡推销的主题，这样才能使幽默发挥到最大的作用。

第二章　推心置腹，引导客户吐露内心的需求

客户内心的需求是促使其做出购买行为的关键所在。房地产销售人员只有循循善诱，掌握了客户最核心、最基本的需求，才能对症下药，为其推荐合适的房源类型，并最终达成销售。一般来说，挖掘客户需求的方式有很多种，本章就围绕这个话题为广大房地产销售人员介绍一些相关的语言沟通技巧。

口才训练1：客户质疑中介，不愿表露心声

随着房地产市场进入存量房时代，二手房中介的重要性将更加突出。但是目前房地产中介行业乱象丛生，承诺不履行、信息不透明、费用不合理、房源信息不符、在售房源虚标房价等现象屡有发生，这就导致人们对房产中介的好感度和信任度大幅下降。因此，在二手房销售中，客户对中介人员顾虑重重，始终不愿意表露心声，透露自己的需求，这使得推销活动很难继续下去。对此，销售人员应该怎么办呢?

口才训练一

房地产销售人员：“大姐，请问您想要什么类型的房子？”

客户：“暂时就不麻烦你们了，我自己看看。”

房地产销售人员：“我们这儿的房源齐全，户型多样，您想要什么样的，我可以给您提供有针对性的推荐。”

客户：“听说中介市场‘猫腻’很多，我还是自己看看吧。”

房地产销售人员：“大姐，我理解您的顾虑。您看那边的那位戴眼镜的先生，他今天是来签合同的。最初他跟您一样，觉得通过中介买房不靠谱，选择自己与业主直接联系。几经周折，快到过户的时候才发现那个业主是假的。幸运的是，他被骗的钱在警察的帮助下找回来了。最后，经朋友介绍，他找到我们公司，一个月内就把房子了定下来。他一直感慨，当初自己就应该把这些事交给中介做，合同、法律、估价、勘测、贷款、产权过户哪样都挺麻烦的，搞不好还会上当受骗，要是找个中介就省事多了。”

客户："我也知道会省事，不过，这个房价嘛……"（客户说到价格后声音变小，意思是担心中介在中间赚取差价。）

房地产销售人员："这个您就更可以放心了。房子的价格是由业主定的，我们中介就是为买卖双方牵线搭桥的。至于价格的洽谈，我们肯定会兼顾买卖双方的利益。而且到时候签合同，是业主、您以及我们中介三方一起签的，成交价格肯定买卖双方都是心知肚明的，您也不必担心里面有什么猫腻。"

客户："是这样啊……"

房地产销售人员："嗯，每年我们公司的房产成交量多达 ×× 套以上，您就放心吧。不知道您这次来是想买什么户型的房子？"

客户："我想买个二居室，七八十平方米就可以。"

口才训练二

房地产销售人员："大哥，请问您想要买什么户型的房子？我可以帮您推荐一下。"

客户："我听人家说二手房交易市场中很多中介赚取差价，我想我还是去看看商品房吧。当然，我并不是对你们公司有意见，只是新闻媒体上有很多关于你们的负面报道，我也得谨慎一点儿。"

房地产销售人员："大哥，您这样说我很能理解。的确现在有很多无良中介损毁行业声誉，欺骗客户，应该受到大家的抵制。但是咱们也不能以偏概全、断章取义，您说对吧？如果整个二手房市场都是黑中介，那么它们如何在这个社会存在和发展下去呢？很多客户刚开始的时候和您有一样的顾虑，可是经过比较之后，他们就发现市场上二手房成交的份额并不低于商品房。我这里要跟您说的是，关于买房纠纷，商品房更是比二手房多。为什么这么说呢？因为商品房大多都是期房，客户在买的时候完全不知道后期竣工后的房子会是什么样子的。因此很多购房纠纷就是因为工程质量、工期问题产生的。而二手房有一个好处，它们都是现房，房子有什么问题都能看得清清楚楚。所以，在看了几个新楼盘之后，相当一部分客户还是决定购买二手房。

客户："这……"（还是显得有些担心。）

房地产销售人员："不瞒您说，中介市场确实有很多不规范的行为发生，但是近年来国家加大了对中介市场规范和整改的力度，很多保护购房者利益的政策相继出台，中介行业的运作越来越透明、越来越规范。而且，我们是全国大型的房地产经纪机构，全国门店数量约 8 000 家，我们绝对不会为了贪图一点点不正当的费用就砸了自己的招牌，这样的行为无异于杀鸡取卵，竭泽而渔。您看，这个月光我们门店就成交了十几套房子。"

客户："好吧，你说得也有道理。那你帮我看看有没有三室一厅的大户型的房子，我需要面积大一点的居住环境。"

口才训练解读

当客户对中介公司充满安全质疑时，他们是不会随便把自己的购房需求告知销售人员的。因此要想引导客户吐露出内心的需求，还要重现树立客户对中介人员的信任感。

为了打消客户的顾虑，口才训练一中的房地产销售人员巧妙地运用了例证法，通过第三人的态度转变的实例，向客户婉转地道明了委托中介购买二手房的优势。另外，他还用清楚明晰的交易流程打消了客户对于中介费用的顾虑。最后对中介的信任危机解除，客户的购房需求自然而然就会顺利获悉。

当然，如果客户对二手房和中介人员心有芥蒂时，大家也可以像口才训练二中的销售人员一样，用二手房的独特优势纠正客户的偏见。此外，还可以用国家出台的政策制度、法律保障以及公司的声誉、规模、成交量等消除客户的疑虑。

当客户对中介人员产生质疑时，房地产销售人员最忌讳的就是“王婆卖瓜，自卖自夸”。比如“我们公司非常正规，也很讲信用。”这类没有说服力的话尽量少说。客户对二手房中介的成见由来已久，这种简单的解释和保证难以消除客户的疑虑。

另外，销售人员也不要告诉客户这是误传，更不要劝说客户勇敢尝试一次，这些都是十分不妥的行为。二手房销售人员的确良莠不齐，很多地方都不规范，客户对中介的偏见也是有事实依据的，所以这种没有说服力的话根本无法取信于客户，更加无法使客户表达自己的购房诉求。

口才训练点睛

当客户对二手房中介已经抱有成见时，房地产销售人员一定要避免使用一些自吹自擂的语言。通常来讲，聪明的销售人员会利用客户的从众心理，以其他客户的经历作为例子，让客户知道有同样想法的人最后还是选择了委托中介买房。当然，销售人员还可以用国家的政策制度，公司的声誉、规模、成交量等一些具有说服力的事实建立客户的信任。待客户的信任建立起来，他们的购房需求也就可以顺理成章地获取。

口才训练2：客户喜欢高谈阔论，说的事都和购房无关

房地产销售人员总能碰到形形色色的客户，他们各有各的特点。其中有文质彬彬的，有踏实内敛的，还有喜欢高谈阔论的。如果房地产销售人员遇到特别喜欢高谈阔论的，而且交流的话题扯得很远，完全和买房无关，那么应该怎么面对这样的问题呢？

口才训练一

房地产销售人员：“先生，您好，请问，您有什么问题吗？”

客户：“你好，我想看一下咱们的户型图，选一套房子。”

房地产销售人员：“您看看吧，这是咱们这儿的户型图，各种户型都挺齐全的，而且建筑风格也很独特。”

客户：“哈哈，我感觉好多的建筑都很独特啊！例如，长城，那可是人类文明的一大奇迹啊。它的历史久远，气势恢宏，就连外国人都叹为观止。还有鸟巢和水立方……”

房地产销售人员：“先生，您的幽默细胞真发达啊，不过聊着聊着就忘了正事了，咱们还是来谈谈房子吧，毕竟您过来是看房子的。”

客户：“那倒是。”

口才训练二

房地产销售人员：“先生，您好，我是这里的售楼员，请问您想要什么样的户型啊？”

客户：“你们这个售楼处有点复古的味道啊，这室内的墙壁要是再贴点墙壁纸就好了，最好是那种类似古战场的城墙，那就有感觉了，我最喜欢……”

房地产销售人员：“先生，跟您这样健谈的人一起聊天真的是一种享受。您看我都听得入迷了，差点儿把正事也忘了，您看对我们的户型还满意吗？”

客户：“说真的，这个户型还不错。”

口才训练三

房地产销售人员：“先生，您好，有什么可以帮助您的？”

客户：“你们这个楼盘建筑风格为什么那么复古呢？但是还和以往的复古风格有点儿差别。一般的复古风吧，它……，而你们这个楼盘的最大的特点就是……”

房地产销售人员：“您懂得还真多啊！听您说话真是受益匪浅。您看我听着听着把时间都忘了，天都快黑了，咱们还是来谈谈房子吧。希望以后有时间了再多向您请教一下这方面的知识。”

客户：“哦，好吧。”

口才训练解读

通常来讲，客户喜欢高谈阔论，但是对购买的问题却避而不谈，究其原因无外乎两种：一种是客户本身很健谈，一个话题刚刚开启，他就会忍不住发挥自己的想象力，进入了“自我放飞”的状态，侃侃而谈，把买房的事情抛之脑后；另一种是客户想利用自己的口才给销售人员施加一定的压力。

面对这样的情况，销售人员要懂得采用一定的语言技巧限制客户的谈话时间。一般来说，客户高谈阔论的时间最好不要超过 10 分钟。在客户满足了自己的表达欲望之后，销售人员需要找一个恰当的时机，在客户停顿的当口，找个合适的理由将谈话的内容重新引向正轨。

为了保全客户的自尊，也为了交流的话题能够顺利回到正轨，销售人员最好采用赞美式的语言打断这些与房源无关紧要的话题。众所击知，人人都喜欢被赞美、被肯定，如果销售人员采用客户喜欢听的语言阻止其侃侃而谈，那么客户很有可能就会愉快地接受，销售人员也会因此掌握销售的主导权。

此外，销售人员在面对高谈阔论的客户时不要听之任之，也不可直接打断客户的谈话。前者会极大地消耗双方的时间和精力，降低销售的效率；后者则会伤害客户的感情，降低其交流的积极性，从而不利于销售的顺利进行。

口才训练点睛

客户性格开朗，十分健谈，这对销售人员而言是一件好事；但是如果他侃侃而谈，净聊一些和购房无关的题外话，就会严重地影响到推销活动继续进行。对此，销售人员需要积极引导，采用赞美式的语言技巧将双方交流的话题重新纳入正轨，这样销售人员才会被客户牵着鼻子走。

口才训练3：洞察客户的购房目的和需求

在房地产销售过程中，房地产销售人员在和客户交流之后，并非所有的客户都愿意说出其心中的购房需求。这时候，就需要房地产销售人员使用一些技巧，来打开客户的心理防线。只有得知了客户的购房目的和实际需求，才好制订下一步的销售计划。房地产销售人员只有将客户的需求和楼盘能带给客户的利益结合起来才能促进交易成功。否则，忙了再久也可能是竹篮打水一场空。

口才训练

房地产销售人员："您在东城区住了十几年，能听得出您对那里充满了留恋。作为一名老住户，别人要问起东城的房子哪里好、哪里不好，您肯定了解得一清二楚吧？"

客户："那是，我可算是大半个专家了。那一带的房子好就好在价格低一些，周围的空气质量好一些，但是周围的生活条件还不是很成熟，菜市场还需要骑行十几分钟才能到，而且购物也需要跑到1 500米外的××商贸城才行。"

房地产销售人员："那您现在来南城看房，对新房子有什么具体的要求？"

客户："找一个大户型、低楼层的房子比较好，这样老人上下楼比较方便一点。另外，周围要是有个公园什么的那就再好不过了。"

房地产销售人员："按您这个条件，其实南城有一个新楼盘××家园也不错啊，那里离您孩子上学的地方也近。"

客户："嗯，那个楼盘我了解过了，有两点我不太满意，一是房价太高，如果买一套大户型房子的话，会严重超出我自己的预算；二是楼房处在临街的位置，到时候噪声污染和空气污染会严重影响到我们的生活。"

房地产销售人员："确实，买房子是件大事情，需要精挑细选。您对房子的格局和朝向有什么要求呢？"

客户："房子的格局没有什么特殊的要求。但是房子的朝向最好向南，阳光要充足，毕竟家里有老人和小孩嘛。"

房地产销售人员："嗯，您说得很对。我觉得既然您在东城有这么一套老房子，并不用急着换新房，您还有足够的时间挑选，只要在孩子入学前选好就行了，您说对吧？"

客户："我老房子已经找到合适的买主了，我也需要赶紧买下合适的新房，否则还得租房子住呢！更何况你看这个房价一刻不停地噌噌往上涨啊。"

房地产销售人员："您说的没错，像我们的楼盘，二期就比一期每平方米要贵5000多元呢。"

口才训练解读

俗话说，知己知彼，百战不殆。客户若是一早就让销售人员知道了自己的"底细"，那么很容易在交流沟通中陷入被动的局面，因此一般情况他们大多会闪烁其词，刻意隐瞒自己的真实需求。为了挖掘到客户的需求，房地产销售人员需要抽丝剥茧，层层深入，有技巧地探究客户的期望和顾虑，切不可浅尝辄止、半途而废。当然，更不可冒失地、开门见山地去问，这样会“吓跑”很多客户。

口才训练中房地产销售人员这种曲折迂回的方式就很值得大家借鉴。首先他把话题引向客户原来的旧居，试探出了客户对旧房的不满以及对新房的期许；其次，他还通过对 ×× 家园新楼盘意见的征询，了解了客户买房的关注点；最后还用委婉的语气试探出了客户计划购房的时间。整个过程流畅自然，和谐愉快，既顺利地了解到关键的信息，还丝毫没有给客户带来不快。

挖掘客户的需求是一项既关键又复杂的“工程”，房地产销售人员在此过程中一定要有目标性，不可盲目行动。

1. 先掌握客户的显性需求

显性需求是指客户意识到并有能力购买且准备购买的有效需求。例如，房地产销售人员问客户想要什么样的楼层时，客户表示要考虑买 2 ~ 4 层，这个“2 ~ 4 层”就是客户的显性需求。

2. 引导客户的隐性需求

隐性需求是指客户在头脑中有想法但没有直接提出或不能清楚描述的需求。例如，房地产销售人员问客户为什么对某小区内的房子不满意，客户回答那里的房子格局不好，好的格局就是客户的深层次需求。房地产销售人员在推荐房源的时候一定要充分考虑客户的这一顾虑。

3. 适当地给客户一个向前的推力

在挖掘需求时顺势地插入几句楼盘的销售情况或者价格的纵横比较情况，这样客户会产生一定的危机感，从而加快购房的步伐。

一般来说，探究客户的购房目的和需求，离不开适当的询问。房地产销售人员在询问的时候要注意以下 3 个方面的细节问题。

1. 询问要有逻辑、有条理

客户的购房动机、意向房型、客户的期望、客户的主导需求、购房时间计划是询问的 5 个关键要素，房地产销售人员提出的问题要始终围绕这 5 个问题展开，千万不要东一榔头西一棒槌，没有规律，没有章法可循，这样不仅让客户摸不着头脑，又会使销售人员的挖掘效果大受影响。

2. 有些问题需要拐弯抹角地问

有时候客户严防死守，不肯轻易吐露心声，这时候就需要房地产销售人员旁敲侧击地询问。

例如，房地产销售人员想了解客户对老房子的不满之处，可以这么问："张姐，原来您是 ×× 雅苑的住户啊，我记得那可是咱们市内最好的楼盘呢，您怎么会想到要搬出来呢？"

3. 留意客户的用词频率

一般客户语中出现频率最高的词汇就是他最大的关注点和需求点，房地产销售人员一定要留心。例如，客户反复提到"我现在的房子光照不充足，家里潮湿得很厉害""到了冬天，家里特别冷，一点阳光都没有"，房地产销售人员就可以从中判断出客户对房屋的朝向比较看重。

口才训练点睛

房地产销售人员在挖掘客户的购房目的和需求时，需要讲究一定的方式、方法。一般来说，询问要有一定的目的性和条理性。此外，还要避开客户的隐私，留意客户的用词频率，这样才能很好地挖掘客户的购房动机和需求。

口才训练 4：巧妙提问，准确找出购房决策人

所谓购房决策人指的就是家里的最高决策者，他在购房的问题上有绝对的话语权和支配权。如果房源无法获得决策人的首肯，那么即便是房源再优质也无法成交。因此，在引导和挖掘客户需求的过程中，房地产销售人员首先要找出购房的决策人，其次要重点考虑他的购房感受。

口才训练一

（面对男性客户。）

房地产销售人员：“王大哥，今天是礼拜天，您怎么没带嫂子一起过来看房呢？”

客户：“她星期天做饭收拾家务呢，买房这种大事那是大老爷们操心的事儿，用不着她过来。”

房地产销售人员：“您真是家里的顶梁柱，您太太有您这么一个有责任心的丈夫一定很幸福吧？”

客户：“呵呵，过奖了。”

口才训练二

（面对女性客户。）

房地产销售人员：“李太太，今天难得天气这么好，您出来看房怎么没有叫上先生一起过来呢？”

客户：“他这几天正忙着赶一个项目，没有时间。”

房地产销售人员："呵呵，那您要是觉得这房子不错想买，但先生不在，做不了决定那多可惜啊。"

客户："这没问题，他以前了解过这个房子，觉得各方面还可以，我看好的他一定也不会反对的。"

房地产销售人员："这么说房子买不买您自己可以拍板？"

客户："那当然了。"

房地产销售人员："看来您是一个不折不扣的女强人，眼光独到，能力出众，所以您丈夫才放心地让您选房呢！"

口才训练三

（面对夫妻客户。）

房地产销售人员："张先生，张太太，你们一个是广州人，一个是东北人，离得那么远都能组建一个幸福的家庭，真是太有缘分了，太让人羡慕了！我挺好奇的，地理差异那么大，各方面的生活习惯肯定也不一样，你们平时是怎么克服这些问题的？"

男客户："当然是随她啦。大老远嫁过来很不容易，我不疼她谁疼她啊？"

房地产销售人员："呵呵，这话说得真暖心，真让人羡慕啊！张太太，您有这么好的老公真是幸福！不过待会要是你们一人看好了一套房，那可怎么办呀？"

女客户："我们家呀，分工明确，小事我说了算，大事我老公做主！像买房、买车这些大价钱的东西，我不太懂，他说了算。"

口才训练解读

找出购房决策人是挖掘客户需求中很重要的一个先决条件。只有找到了这个决策者才能更好地摆正引导和挖掘的方向，只有找到了这个决策者才能将说服的着重点放在正确的位置。

一般来说，在探寻决策者的初期阶段，销售人员的询问方式不要太过于直接，比如“买房您能做得了主吗？”“买与不买，您二位谁说了算？”这样的说话方式很容易伤害到参谋者的自尊，也不利于客户需求的挖掘，因此销售人员最好采用委婉的提问方式。

房地产销售人员要想找准决策人，不妨参考以下几种挖掘技巧。

1. 准客户的 MAN 原则

如何从众多的看房客户中找到真正的买主？房地产销售人员不妨从支付能力（Money）、决策权（Authority）、需求（Need）三个方面来判断。只有具备这个 MAN 原则的客户，才可能成为准客户。当然，销售人员只有找到准客户，成交的概率才会提高很多。

2. 判断决策人

对于决策人的判断，销售人员既可以像口才训练中那样通过委婉询问的方式获取，又可以通过对客户言行举止的观察来推测。一般来说，说话语气沉稳有力、办事果断的人往往是做决定的那个人，而察言观色、附和别人的人往往是买房的参谋者。

口才训练点睛

决策者在整个购房过程中起着关键的作用。因此，销售人员在推销的时候一定要先找出这位关键人物，然后再恰当地引导其需求，这样才能起到事半功倍的效果。而要想找到这个购房决策人，采用委婉询问法和观察法就可以实现。

口才训练 5：探知客户对各楼盘的看法

小小的钥匙插入锁芯，“啪”地一下就打开了大门，战胜了坚固的铁杆。铁杆十分不解地问钥匙原因，钥匙幽默地回答：“因为我了解它的心。”这正验证了那句“知己知彼，百战不殆”。其实，无论做任何事情，只有对自己和对方的情况有一个透彻地了解，那么成功的可能性就提升了一半。推销房子也是一样的道理，探知客户对各楼盘的看法有利于销售人员正确引导其需求，也有助于销售活动顺利进行。

口才训练

客户：“你们这个楼盘好像跟附近的那些楼盘不太一样。”

房地产销售人员：“是吗？呵呵，看来您在买房之前已经做足了功课呢！对于周边的这几个楼盘我没有过多的了解，能不能麻烦张太太帮我介绍一下。”

客户：“我觉得这一带三个楼盘还是可以考虑的，一个是龙城公寓，一个是绿城名苑，还有一个就是你们这个楼盘。龙城公寓的优势在于使用率高，户型齐全；缺陷是没有电梯，上下楼不方便。绿城名苑嘛，我觉得他们小区最大的特点就是绿化面积大，放眼望去，绿意盎然，简直就是一个天然的氧吧，住进去一定会对健康大有裨益，但是价格方面确实有点儿高。”

房地产销售人员：“张太太，那我们这个楼盘给您的印象是什么样的？”

客户：“你们这个楼盘吧，有点儿吵，临近地铁，地铁来来回回的声音比较大。”

房地产销售人员：“呵呵，您说得很对，咱们这个位置确实紧挨地铁，没有前两个楼盘那么安静。那您认为我们楼盘好在哪里呢？”

客户："那当然是交通条件更好一些啦，靠近地铁，三两分钟就可以走到地铁站，上班非常方便。"

房地产销售人员："没错，我们楼盘有这样一个优势，比其他两个楼盘出行的距离要少了2000多米。正因为这样，所以很多上班族都愿意选择在这儿买房。"

客户："我也有这方面的打算，所以才把你们这个楼盘列在考虑的范围之内。"

房地产销售人员："我明白您的意思。因为这儿离地铁站近，上班方便，且价格也没有绿城名苑那么贵，这儿也是一个不错的选择，对吧？"

客户："是啊。"

房地产销售人员："那您想不想在这儿买一套房呢？"

客户："暂时还不好说，每个楼盘都各有利弊，我还需要再考虑考虑，比较一下。"

口才训练解读

房地产销售人员要想引导客户说出对各楼盘的看法，最好用诚恳请教的方法。此方法抬高了客户的身段，给他们一种被尊重、被重视的优越感，这样才能打开他们的话匣子，从而使其乐于说出内心的真实想法。口才训练中的销售人员就是用这样的方法，促使客户畅谈考察过的各个楼盘。当然，房地产销售人员也可以借此机会轻松获知客户对竞争楼盘的看法。客户对楼盘的哪些特点是迫切需求的，哪些是无关紧要的，哪些是极度不满的，这些信息对房地产销售人员来说非常宝贵，它们可以帮助销售人员打开新的突破口，从而有利于最终的签单。

另外，销售人员需要注意的是，当客户谈及对各个楼盘的想法时，不要轻易打断他们的谈话，更不要在客户赞扬竞争楼盘或者挑剔已方楼盘时面露不悦之色。保持镇定与冷静是一个优秀的房地产销售人员应该具备的最基本的素养。

比如，客户："A 楼盘房子的装修风格我非常喜欢，格调高雅，造型简朴优美，色彩浓重而成熟，我觉得是一个不错的选择。"

房地产销售人员："张大哥，现在的很多装修看起来不错，其实中看不中用，当住户入住后才会发现有各种各样的问题，甚至悔不当初。您千万不要被它们的表面现象给迷惑住了。"

客户："那你们楼盘的缺陷也很明显啊，位置这么偏，到市中心有三四十分钟的车程呢！"

房地产销售人员："您这就是外行话了，我们这虽然位置偏了点，但是起码离您上班的地方不远啊。您看看 B 楼盘，他们都快到郊区了。"

这样的话无疑会显得销售人员小肚鸡肠，让客户认为他见不得别人好，也不愿承认自己的不好。试想这样一副嘴脸，客户怎么会购买他所推销的房子呢?

房地产销售人员在探知客户对楼盘的了解程度时，不妨围绕"客户考察过的楼盘有哪些""客户对竞争楼盘有什么看法""客户对自己所在的楼盘有什么想法""客户最核心的需求点和隐忧是什么"这几个问题展开。只有了解了这些关键信息，销售人员才能在推介房型时更有针对性。此外，根据客户对楼盘的优劣势评价，销售人员可以挖掘到客户的需求，扬长避短，有技巧地引导客户重新回归到自己的需求上来。

请教是了解客户需求很重要的一个方法。房地产销售人员可以运用以下的语言技巧来得知客户对各楼盘的看法。

"大哥（大姐），我接待过的客户为数不少，可要说对这一带楼盘的了解程度，那真是属您最透彻了。对于这几个楼盘，不知道您有什么样的高见？"

“大哥（大姐），要是其他客户都和您一样，见多识广，对这一带的楼盘无所不知，那我这个销售人员真的就没有存在的必要了。您不仅对楼盘非常了解，而且想法和看法肯定比别人要深一层，如果您不介意的话，我想让您分享一下您对 A 楼盘的看法。”

“大哥（大姐），跟您聊天真是受益匪浅啊，就算是我们这些业内人士都自愧不如。现在我想请教您一个问题，您觉得我们这个楼房怎么样？”

口才训练点睛

客户对各楼盘的看法关系着其以后的购买行为，销售人员一定要准确探明，这样才能掌握销售的主动权。而在探知客户想法的过程中，销售人员不妨采用虚心请教的方式打开客户的心扉，从而轻松获知客户的需求和隐忧，继而为下一步的推销活动做好准备。

口才训练 6：引导客户说出购房预算

很多初次置业的客户对购房的支出没有一个明确的了解和规划。他们眼中的购房预算只是针对房价，殊不知除去房价之外，还有很多的花销需要考虑。比如契税、个人所得税、营业税、交易费、佣金、物业费等一系列缴费项目，如果考虑不周的话，很容易造成预算超支，甚至出现买得起住不起的尴尬局面。

为了有效地给客户推荐一个合适的房源，销售人员首先需要引导其说出购房的预算。这是销售人员挖掘客户需求中一个很重要的内容。

口才训练

客户：“×× 小区的房子一平方米多少钱啊？”

房地产销售人员：“大哥，房子的价格受其面积、户型、朝向、楼层的影响，各不相同。不过那儿的房价每平方米在6 000 ~ 8 000元。不知道您的预算大概是多少呢？”

客户：“唉，现在房价增长的速度远远比工资增长的速度要快得多。前半年看楼市价格的时候才每平方米6 800元，半年的时间每平方米就涨了500元。真是买不起啊！”

房地产销售人员：“您说得很对，房价确实涨得很厉害。××小区去年成交的平均价格是每平方米5 800元，但是××年购房的客户都是按照每平方米6 800元的价格成交的。”

客户：“这房价涨得真的让人很有压力。”

房地产销售人员：“是啊，很多客户现在都做好了购房的准备，买得越早，省得越多，万一等到后面房价越涨越高，连首付都付不起的时候，那可真是后悔药都没处买了。我觉得，既然您是二次置业，想换一个大点儿的房子，那就得赶紧下手，要不房价涨得越高，您的钱就差得越多。”

客户：“这个倒是。”

房地产销售人员：“根据目前的楼市情况，不知道您打算买多少价位的房子？”

客户：“我大概准备了50万元，想买一套……”

口才训练解读

客户的经济能力和购买预算是挖掘客户需求中很重要的两项任务，只有了解了客户的支付能力和打算，房地产销售人员才能有针对性地为其推荐合适的房源。倘若不知道这些重要信息，即便房源推荐得再合适，客户承担不起房价，那么销售人员做得任何努力也都是枉然。

不过，引导客户说出购房预算也不是一件简单的事情。通常客户对于销售人员都会存有一种戒备心理，担心过早透露购房预算，会让自己谈价过程中陷入被动局面，损害自己的利益。那么，如何才能获悉客户的预算信息呢？房地产销售人员既可以采取直接提问的形式,也可以从客户的言行举止中去判断。

如果客户实在推三阻四不愿透露，那么销售人员就可以像口才训练中那样，真实地为客户分析房价的走势，为其施加一定的紧迫感。只要客户相信价格会持续走高，那么他就会产生立即购房的想法。当然，在这种压力下，他会很配合地回答销售人员的问题，也会积极争取每一个可能成交的机会。

在挖掘客户购房需求、探知客户购房预算的过程中，房地产销售人员最忌讳的就是以貌取人。一般越有钱的人越低调，销售人员千万不可戴着有色眼镜怠慢那些穿着普通的人。上门即是客，一视同仁，热情服务是每一个房地产销售人员必须具备的职业素养。如果以“势利眼”巴结那些名牌傍身的客户，那么损害的不仅是销售人员自身的形象，而且连公司和楼盘的形象也会因此而受到影响。

比如，客户：“你们这儿有面积小一点儿的房子吗？”

房地产销售人员：“我们楼盘都是大户型，90 ~ 150 平方米。没有你要的小户型房子。而且这儿的均价是每平方米 9 000 元。”

客户：“啊？这么贵？”

房地产销售人员：“是啊，现在就是这么个行情，你要觉得买不起，租一个也行。”

这样的话很容易伤害客户自尊，当然，销售人员也会因此而错失一个可能的成交机会。

口才训练点睛

购房预算是推销活动中很重要的一项内容。如果销售人员能够准确地把握客户的购房预算，那么对于将来的顺利成交具有很大的帮助。一般来说，客户具体的预算信息可以采用提问法和观察判断法。如果必要的时候，还需要以房价的走势来了解客户的购房预算。

口才训练 7：客户提出的楼盘缺点真的存在

有些客户对于楼盘的了解停留在浅层次，而有的客户对于楼盘的知识掌握较多并不亚于售楼员。当客户向售楼员提出楼盘的缺点时，售楼员应该如何接招呢？怎样才能将这套房子出售给客户呢？

口才训练

房地产销售人员：“先生，您好，我是这个售楼处的售楼员，有什么可以帮助您的吗？”

客户：“你好，麻烦帮我找一套两室一厅的中等户型的房子。”

房地产销售人员：“先生，您先看看这个户型图。这间就是两室一厅的，室内采光充足，通风条件好，是个理想的居所。”

客户：“可是你们这个房子的位置有点太偏了，我去一趟市区起码得2个小时。”

房地产销售人员：“先生，您说得对，这个房子的地理位置确实不太好，但正是因为它偏，所以这附近的绿化率才会非常高，空气质量也相当好。最重要的是它没有身处繁华闹市，所以房价远远比市区要便宜很多。”

客户：“这倒是。但是这套房子的楼层也太高了，我们上下楼很不方便的。”

房地产销售人员：“确实这儿的楼层也不太符合您的需求，不过好就好在这儿离您工作的地方也不太远，您一般只需提前三两分钟出门，一定不会耽误您上班的时间。而且您天天上下楼可以锻炼身体，增强体能，对于您这样一个久坐办公室的白领人士而言，也是有好处的！”

客户：“嗯，也有点儿道理。”

口才训练解读

向客户推销有缺点的楼盘考验的不仅仅是房地产销售人员的品质，还有其处理问题的能力。一般情况下，遇到这种问题，房地产销售人员没必要遮遮掩掩，更不要提出反对意见想蒙混过关，这是对于客户不负责的行为。客户也有分析和辨别问题的能力，销售人员最理智的做法就是坦率地承认，然后使用一定的语言技巧，“化腐朽为神奇”。

地理位置偏、楼层高固然是房源的缺陷，但正是由于受这些缺陷因素的影响，房源的价格也因此而偏低，上下楼还可以带来难得的锻炼机会。这正应了那句“福兮祸之所伏，祸兮福之所倚”至理名言。销售人员要做的就是从这些缺点里找到隐藏的优势，然后用这些优势引导客户，使双方交流的话题重新回归到客户的需求上来，这样成交的障碍自然就不攻自破了。

当客户提出的楼盘缺点真的存在时，房地产销售人员可以采用如下的应对技巧加以化解。

1. 认真倾听客户提出的异议，在客户说完之后，坦诚相待，给出合理的解释。

2. 对于客观存在的房源缺陷，销售人员可以充分利用房源的其他优点来最大化地弥补其不足，完全不需要去狡辩或强行编造某些理由。

3. 承认房源存在的缺点之后，告诉客户“世界上没有十全十美的东西”。

这样的道理放之四海而皆准，客户也深以为然，所以听了这样的解释之后也不会过多地在纠结房源的缺陷。

口才训练点睛

当客户提出的楼盘缺陷真的确客观存在时，房地产销售人员没必要刻意遮掩，更不必企图蒙混过关，坦荡地承认房源的缺陷，反而容易赢得客户的好感和信赖。除此之外，销售人员还可以采用优势弥补法淡化客户对房源劣势的不满。

口才训练8：客户听售楼员的讲解心不在焉

房地产销售人员在接待客户的时候，都是非常主动的。在此过程中，他们会很热情地向客户讲解，对于客户提出的疑问也会详细清晰地给出解答。但是这种热情在大多数情况下是不对等的，有很多的客户在听销售人员讲解的时候心不在焉，交头接耳，似乎什么都听不进去。对于这样的情况，销售人员总是感到很无奈。

口才训练一

客户：“这儿的环境我倒是挺满意的，只不过就是价格有点儿接受不了。”

房地产销售人员：“张大哥，咱们这个房子可以选择按揭付款，每个月分开还，您就不会有那么大的经济压力了。我去过您之前居住的小区，那里生活环境不是太好，生活垃圾随处可见，周围邻居的素质也是参差不齐，您住着也一定很不方便吧？假如您搬到这里来，那生活肯定就提高了一个档次，您看这里的绿化环境这么好，空气这么清新，您没事的时候陪老人和孩子出来溜溜弯，锻炼锻炼身体，享受享受生活的乐趣，日子过得温馨简单，这又何尝不是一种幸福呢？而且小区的不远处还有一个很大的菜市场，您想吃什么了就过去买点儿什么，三两分钟就解决了，多方便啊！再也不用像以前一样在公交上挤两三站地才能到菜市场。”

口才训练二

客户：“这儿看起来很一般嘛！我没发现有什么好！”

房地产销售人员：“张大哥，您这话可是说错了。我跟您说啊，这是一个生活条件相当成熟的小区，周围不出500米有××商贸城、××医院、××影视城，看病、娱乐、购物一应俱全。另外，这儿离××体育场也挺近的。您周末的时候叫上几个好朋友，三五成群地打打篮球、羽毛球，或者游游泳，生活过得那真是有滋有味啊！这要是换了别人还不得大老远跑过来，您在家门口就可以达到锻炼的目的，多好！”

口才训练解读

如果客户对房地产销售人员的讲解心不在焉的话，很可能销售人员所讲的内容过于单调，并没有激发起他们倾听的兴趣。当然也不能排除客户自身的原因（时间紧，被别的事情分了神）。对待这样的客户，房地产销售人员不必灰心丧气，听之任之，更不可质问客户为什么不认真倾听。

通常来讲，聪明的销售人员会利用客户的想象力为其描绘出一幅美好的生活情境图，而且这样的描述一定会深深地契合客户的需求，让其真真切切地感受到买房带来的利益，这样他的注意力就会被牢牢吸引住，分神的可能性就会大大降低。上述口才训练的房地产销售人员正是用这样的方法轻松化解了客户心不在焉的尴尬。

为了防止客户注意力分散，心猿意马，从而影响交流沟通的效果，房地产销售人员在对客户讲解的时候需要注意以下几个要点。

（1）根据客户提出的问题做出具有针对性的回答。

（2）在讲解的过程中，要注意和客户的互动，绝不能自说自话，忽视客户的感受。

（3）用客户喜欢的方式沟通。有的客户喜欢干脆利落的交流方式，房地产销售人员在交流的过程中就不要过多地赘述，讲解要分清主次，不要程序化。

（4）发现客户心不在焉，房地产销售人员要多去观察，认真思考，挖掘客户的关注点和兴趣点，然后紧紧围绕客户关注的内容讲解。

口才训练点睛

为了让客户的注意力集中，房地产销售人员在讲解的时候最好按照客户喜欢的方式进行。此外，还要多与客户互动，这样他才不会有心不在焉的机会。当然，除了这些客观因素之外，房地产销售人员还要注意自己所讲的内容，烦琐冗长、主次不分的讲解容易让客户分神，所以一定要杜绝这样的情况发生。

口才训练 9：如何应对及引导不同客户的购房需求

购房需求是指客户想买什么样的房子，即对房子的具体要求。客户的购房需求是其购房的根本动力，也是房地产销售人员打开销售突破口的关键所在。一般来说，不同的人有不同的购房需求。有的人买房是为了满足教育需求，有的人买房是出于结婚考虑，而有的人买房则是为了改善居住环境。房地产销售人员必须对每一个客户的购房动机熟记于心，这样才能有针对性地突破客户的心理防线，从而达到成功销售的目的。

口才训练

房地产销售人员："张小姐，刚才听您说是和婆婆一起生活，是吧？"

客户："是的！"

房地产销售人员："看来您的婆婆一定对您很好吧？"

客户："唉！一言难尽啊，我婆婆这人也挺好的，平时对我也挺照顾的，但就是嘴太碎了，时不时地就想唠叨我几句。再加上隔代人之间有代沟，所以我们经常在教育孩子的问题上有分歧。"

房地产销售人员："那也是，老一辈的人和咱们年轻人的想法不一样，经常住在一起，发生摩擦也是在所难免的。我那时也是一样，婆婆总是对我有意见。还好，我们买房买得早，和家里的老人没住多长时间就搬出来了，结果我们的关系比以前亲近了很多，真是距离产生美啊！不过我有个朋友就惨了哦，因为结婚的时候欠了一些债，没办法买房子，只得和婆婆住在一起。在相处的这段时间里，两人的关系越闹越僵，后来实在没办法了，我朋友就七拼八凑弄了点钱，付了个首付，现在即便分开有两三年了，两人的关系还是不太好。所以，我觉得搬家得趁早，早点儿搬出来，这样对大家都有好处，您说是吗？"

客户："是的，我很认同你的看法。"（客户表现出迫切的样子。）

房地产销售人员："张小姐，刚才听您说这次买房是为了小孩读书，是吧？"

客户："是的！"

房地产销售人员："事关孩子的教育问题，的确需要好好重视，一个优质的教育环境会影响孩子的一生。"

客户："嗯。"

房地产销售人员："为孩子选学校也千万不能马虎。在不好的学校上学，小孩在校有可能学坏。我一个远房表哥就是因为没钱，所以把他家的孩子送到一个校风很差的学校，结果他家的孩子慢慢沾染了很多坏习气，打架斗殴，坑蒙拐骗，简直是一个混世魔王。”

客户：“是啊，所以这次我一定得找个能入读好学校的房子。”

房地产销售人员：“刚好昨天，有个业主放了一套靠近××重点中学的房子，这可是一套紧俏房源啊，很多看中教育资源的人想买还买不到呢！为了防止这套房子脱销，要不我现在就带您过去看看？”

客户：“好的。”

口才训练解读

一般来说，客户的购房动机通常有结婚、改善居住环境、孩子上学、工作变动等原因。房地产销售人员在引导和挖掘客户的需求时，需要强化其立即购房的好处或不立即购买房子的痛苦，这样才能推荐符合客户需求的房子。

口才训练中的销售人员在推销的过程中，首先以婆媳话题为由，引出了客户对现在居住环境的矛盾与不满；然后销售人员就客户的这个痛点，用一个朋友的故事让客户认识到买房是一件刻不容缓的事情；其次他又确认了客户的购房动机，用一个远房表哥的教训肯定和强化了客户购房动机的正确性；最后客户在他的不断引导下毫不犹豫地答应了看房的请求。整个引导过程有条不紊，一气呵成，对广大房地产销售人员来讲具有很强的借鉴作用。

不同的客户有不同的购房需求，而不同的购买需求又需要用不同的语言技巧加以引导。以下是常见的几种语言技巧和示范。

1. 针对初次置业的客户

这一类客户没有属于自己的房子，居无定所，因此很需要一份安全感和归属感。故而房地产销售人员在引导时可以这样说：“您买下这套房子之后，就可以给您的爱人和孩子有一个真正的归属感，并且你们有了属于自己的房子之后可以自由布置，再也不用搬家，忍受四处搬家的辛苦了。”

2. 针对想要追求独立生活空间的客户

此类客户一般长期生活在一个三代同堂的环境里，受够了各种家庭矛盾的困扰，因此急需要找到一个独立自由的空间。此时销售人员若是告诉客户“有自己的独立住所，有更多的私人空间，距离产生美，与长辈关系可能更和谐、亲密”之类的话，那么一定可以增强其购买的欲望。

3. 针对有教育需求的客户

孩子是生命的延续，也是未来的希望。每一对父母都希望自己的孩子从小能够接受优质的教育，不要输在起跑线上。因此，优质的教育资源和良好的学习氛围成为很多客户的追求。

引导此类客户，房地产销售人员可以这样说：“现在人们最为关注的就是孩子的教育问题，虽说父母是孩子的导师，但瑞典教育家爱伦·凯表示环境对一个人的成长起着非常重要的作用，良好的环境是孩子形成正确思想和优秀人格的基础。所以我坚信如果您的孩子能够在一个优质的学校和一个良好的环境下成长，将来一定会有很大的出息。”

4. 针对当前居住环境不满意的

有的小区环境很复杂，生活垃圾随处乱扔，周围的噪声严重影响到人们的心情和生活质量；更有严重的是社区内缺乏安全的保障，居民的财产和人身安全受到很大的威胁。因此，很多客户买房是为了改善自己的生活环境。

对待此类客户，房地产销售人员可以这样引导：“社区内环境优美，有山有水，配套齐全，安保工作也很到位。住在这么一个地方，您完全不用有一丝一毫的担心，生活质量也会随之提高很多，再加上这个小区住的都是一些高素质的精英人士，所以邻里关系也会很和谐。”

5. 针对有保值需求的客户

这类客户买房的目的是保值。因此，在引导他们的时候，房地产销售人员一定要着重强调房源的保值性，为客户分析以前、现在和未来。这样才能更好地加强他们购买的决心。

口才训练点睛

客户的行为模式会随着其购买动机的不同而有所区别，所以房地产销售人员在引导其购房需求的时候一定要因人而异，区别对待。此外，在引导的过程中还需要不断强化客户的痛点，从而加快销售的进程。

口才训练 10：解决客户嫌房间面积大的问题

在房地产销售过程中，不同的客户有不同的需求，有喜欢采光好的，有喜欢价格低的，还有喜欢小户型的。房地产销售人员每天接待的客户很多，如何巧妙地回答客户的问题就显得尤为重要。

口才训练一

客户："你们的房间面积太大了，我不需要买这么大的。"

房地产销售人员："李大哥，请问您小户型的房子打算用来居住还是投资呢？"

客户："自己住。"

房地产销售人员："我们这里的户型面积是 80 ~ 140 平方米。我记得您说过家里有三口人，所以我向您推荐这个三居室的房子，它空间紧凑，使用功能完善，而且面积也不大，比较适合您的家庭情况。而且平时您家里来亲戚了，或者偶尔父母想小住几日，您也不必挤沙发。”

口才训练二

客户：“你们的户型都太大了，我不需要。”

房地产销售人员：“李先生，请问你打算买小户型自己住呢还是用来出租？”

客户：“我目前是打算要出租的。”

房地产销售人员：“李先生，您眼光独到，真有远见，我们楼盘地段好，而且正好在政府重点规划的范围之内，将来会很好出租。最近我就接待了好几个打算买房出租的客户。”

客户：“真的吗？”

房地产销售人员：“是的，不过他们大多数人都会选择中等户型的房子。为什么会这样呢？我给您分析一下。虽然小户型面积较小、总价较低，但中等户型出租的价格要远优于小户型。而且小户型对地域要求很严格，一定要在大型成熟的商业圈周边才行。所以，中等户型是人们做出租时看中的内容。”

客户：“哦，你分析得有道理。”

口才训练解读

在现实生活中，谁都希望自己的房子大一些，住得也舒坦、自由。不过在同等条件下，房子的面积越大，总价就越高。因此迫于价格的压力，很多客户都会对大户型的房子望而却步。

当客户嫌房间面积大时，房地产销售人员首先应该弄清楚客户的真正需求，然后从自己楼盘中挑选面积更接近客户需求的房子做推荐。上述两个口才训练中的销售人员就是紧抓客户的需求，分别为客户介绍了大户型、中等户型的实用性、优点，从而有力地扭转了客户的偏见。

解决客户嫌房间面积大的问题，销售人员要避免犯以下几种错误。

1. 告诉客户这里没有小户型的房子

俗话说，“没有卖不出去的商品，只有卖不出商品的人”。如果销售人员不懂得灵活应变，当然也就找不到销售的突破口。

2. 直接否认客户的观点，执意让其买大房子

比如，“您这么有钱，应该买大房子。”这样的话很容易让客户产生反感情绪，而且他们也不会因此而放弃原来的想法。

当然，如果客户实在不需要大户型的房子，房地产销售人员也不可强求，销售人员可表示歉意，留下他的联系方式，告知以后如果有开发小户型的楼盘会及时通知他；如果客户担心自己有经济压力，那么销售人员在介绍的时候就应用价格分摊法，把价格化整为零，降低客户对房价的敏感度。如果客户只是把房间面积大作为一个托词的话，那么销售人员应先摸清客户的购房目的，看其是自住还是出租：如是自住，那么销售人员就可以这样说：“您家里上有老，下有小，偶尔还会有亲戚朋友走动，小面积房子活动不开。”如是用于出租，那么销售人员就可以从地段和保值性入手，消除客户的异议。

口才训练点睛

解决客户嫌房间面积大的问题，房地产销售人员要因人而异。一般情况下，客户的需求不同，提出异议的原因不同，处理问题的方式也不同。

口才训练 11：如何挽留转身离开的客户

在实际销售过程中，很多客户往往走马观花，还没有跟房地产销售人员透露自己内心的需求，就匆匆离开。其实客户之所以这样做，绝大部分是因为对房源不感兴趣，不想花时间去多了解。不过即便是这样，销售人员仍然不可以放弃任何一个推销的机会。

对于即将转身离开的客户，房地产销售人员要主动、真诚地进行挽留，请求客户告诉自己不喜欢的原因及真正的需求，或者告诉客户“花时间和精力看房选房是买房的必备功课”“不管您买不买，多看看总是没有坏处的”。总之，在尊重客户选择的前提下，尽量要挽留客户。

口才训练一

房地产销售人员：“大姐，请留步，我能请教您一个问题吗？”

客户：“怎么了？”

房地产销售人员：“一般来我们这儿的客户大多都会了解一下小区规划、户型结构和价格。我看您转了一圈就要走，是不是我们这儿的服务没有让您满意？”

客户：“不是，你想多了，我来这儿只是想买一个五六十平方米的房子，可看了你们这边好像都是一些大户型。”

房地产销售人员：“大姐，不好意思，我们今天的房源展示设计得有点儿不合理，部分小户型的房子在那个角落可能您没有看见，我这就带您过去……”

口才训练二

房地产销售人员："这位大哥，请您先别急着走，既然来了，买不买没关系，重要的是把我们这儿的楼盘了解清楚。如果可以的话，我给您介绍一下，顺便您有什么宝贵的意见，欢迎提出来，这对我们很重要。"

客户："算了吧。"

房地产销售人员："大哥，您知道我们这个楼盘最大的优势是什么吗？"

客户："是什么？"

房地产销售人员："我们的楼盘开盘当日及之前付15万元定金可以享受200元/m²的优惠；另外，如果一次性全额付款，可以享9.5折优惠，付70%享9.8折优惠。"

客户："哦，真的吗？"

口才训练解读

面对转身即将离开的客户，销售人员一定要及时挽留，并且问明其离开的原因。万一客户有一定的购买需求，并且对房源了解不多，还可以为其做详细的说明。这样也算争取到了一次推销的机会。广大房地产销售人员应该多多向口才训练一中的销售人员学习，千万不要害怕被拒绝就止步不前。

当然，劝说转身离开的客户，除了真诚以待，还需要销售人员有效地利用楼盘的优势加以挽留。要知道，客户多停留一分钟就会对你的楼盘多一分了解，购买的可能性也会极大地增加。口才训练二中的销售人员就是用价格优惠把客户留了下来。

一般来说，当客户进入售楼处时，房地产销售人员就应该热情上前迎接。如果客户表示要先看看，那么销售人员也不要强行纠缠，但需要在不远处时刻观察客户的动态，除了必要时为其提供帮助，还需要在他转身离开的时候挽留。

面对转身离开的客户，销售人员一定要避免以下三种错误的方式。

1. 让客户慢走，欢迎客户下次光临

这样礼貌地回答虽然会给客户留下一个好印象，但不作为的方式很有可能会让销售人员白白失去一次成交的机会，所以并不值得提倡。

2. 质问客户这么快就看完了

这样的说法有抱怨的意思，客户也不会因此而留下来。所以销售人员千万不要说这种没有效率的话。

3. 小声嘀咕客户没有诚意

这表明销售人员没有一个很好的心态。而且这种自我发泄的话一旦被客户听到，不仅会让客户产生愤怒的情绪，就连这个楼盘都会因此招来客户的厌恶。

口才训练点睛

客户在售楼处停留的时间越久，对楼盘的了解就越多，购买的可能性就越大。因此，为了增加销售的概率，房地产销售人员应该及时挽留转身离开的客户。一般来说，楼盘的优势是挽留客户的一把利器。

口才训练 12：开门见山问出客户需求

提问是销售活动中经常使用的语言表达方式。房地产销售人员通过开门见山的提问可以有效获知客户的需求，为他们提供针对性强的房源。这种提问方式能够快速地帮助房地产销售人员了解客户的购买动机，节省销售的时间，提高工作效率。

口才训练

房地产销售人员："听您说话的意思是为了工作的需求打算从城西搬到城东了，不知道您现在来城东看房，对新房子有什么样的期望呢？"

客户："我想要一个三居室的房子，而且若是小区周围的绿化环境和基础设施齐全一点儿就更好了。"

房地产销售人员："按您的要求，我觉得城西的那个 ×× 雅苑就很适合您。最重要的是那个位置离你上班的地方近，开车一二十分钟就到了。"

客户："嗯，那儿的房子我看过了，觉得不太合适。主要是因为离孩子的学校有点儿远。我们大人上班远一点没关系，但是孩子上学远我们不放心；还有一点就是房子的格局我也不太喜欢。"

房地产销售人员："确实，买房子是件大事情，咱们不能为了省事就瞎凑合。除了上面提到的那些要求，不知道您对房子的楼层和朝向还有什么样的要求？"

客户："像这种 21 层的楼房，若是能在 7 到 14 层有合适的房子那再好不过了。因为这样的楼层不仅采光好，而且观景效果也好，最重要的是马路噪声的影响也不是很大。要说房子的朝向，那当然是朝南最好了，这样阳光充足，家里也不至于潮湿，滋生病菌。"

房地产销售人员："您考虑得挺全面的。我会尽量按照您的需求，给您推荐合适的房子。只不过如果有合适的房源，您现在就有购买的打算吗？"（试探客户计划的购买时间）

客户："当然了，毕竟这房价是一天比一天高，而且我女儿马上就要开学了，我打算在她上学之前就把这件事办好。"

房地产销售人员："您说很有道理，现在的房价以年均 10% 的速度迅速增长，买得越迟，费用越高。"

口才训练解读

正确的提问是挖掘客户需求的重要途径。房地产销售人员采用提问的方式远比单纯的陈述更容易发现客户的购房需求。口才训练中的房地产销售人员就是采用这样一种单刀直入的提问方式了解客户对新房的各种需求和期望。

不过，销售人员在了解客户的需求时，一定要注意以下两个提问的技巧。

1. 询问要有逻辑和条理

一般来说，房地产销售人员提出的问题无外乎以下几种：客户的购房动机、意向房型、客户的期望、客户的主导需求、购房时间计划等。销售人员在围绕这些问题展开提问的时候切忌逻辑混乱，颠三倒四，这样既会扰乱客户的思绪，让人摸不着头脑，又会使销售人员的专业形象大打折扣。

2. 注意发问的频次和时机

房地产销售人员在提问的时候要把问题分布在不同的时间段，禁忌连续发问，否则容易引起客户的反感。除此之外，销售人员还要注意提问的时机和语气，在必要的时候说一些鼓励性的话语从而促使客户进行较为深入、详尽的回答。

当然，在与客户交流时，房地产销售人员还需要多给客户留下一些思考的时间，让他说出自己内心最真实的想法。一般来说，客户使用频率越高的词，越能代表其真实的心声，因此销售人员在探寻客户的购房需求时，一定要认真倾听，频繁提到的词很可能就是客户的需求点。

例如，客户反复提到“我现在的房子附近没有买米、买菜的地方，需要走很长时间才能看见一个超市。”“我们周围连个大型的商场也没有，出去看电影、购物也不太方便。”客户始终围绕原来居住地的环境展开讨论，说明他对周围基本的生活设施很不满意，急需找一个生活条件成熟的小区。

口才训练点睛

开门见山的提问可以有效挖掘客户的需求，不过房地产销售人员在提问的时候一定牢牢遵守条理性、阶段性、鼓励性等几个原则，以免弄巧成拙，白白丧失一次成交的机会。

口才训练13：言行谈吐尽显“专业人士”的身份

在很多电视广告上，商家会选择某一领域的专业权威人士为自己的产品做代言，比如牙膏、奶粉。他们为什么会这么做呢？专家的专业性可以为消费者关注或购买行为的产生提供品牌背书。简单来讲，商家为了增强自身产品在市场上的承诺强度，会借用专家的信誉，使专家以一种明示或者暗示的方式来对原先品牌的消费承诺做出再一次的确认和肯定。

因此，房地产销售人员千万不可小瞧“专业人士”这个身份，站在“专业人士”面前，客户会感到信服，会吐露自己内心真正的需求，会主动寻求专业的帮助。因此，销售人员也应该力图通过自己的言行谈吐在客户面前树立一个专业权威的销售形象。

口才训练

客户：“这房子看着也不怎么样啊，竟然开价100万元，它能值那么多钱吗？”

房地产销售人员：“别光看它的装修程度啊，您想要一个焕然一新的房子，入住以后一装修就能给您这样的感觉。但是老话说得好，一分钱一分货，好贵好贵！正是因为‘好’才贵呢！

我给您分析一下这个房子贵的原因。首先，您看这个屋子的布局非常好，它的自然采光窗占墙的比例达到70%以上，这是高档房的比例标准，所以您这个户型的采光条件才会这么好；您的主卧房偏南，这里的每个人都能直接享受充足的阳光和日照；客厅设了阳台，还有良好的观景视野，而且户与户之间的客厅及卧室也避开了视线干扰；楼梯和电梯间的采光和通风条件很好，避免潮湿和病菌的滋生、感染。

其次，您俯身往下看，这儿的绿化率达到了50%，植被多可以有效改善空气质量、吸收灰尘、降低噪声污染等，对您和家人的身体健康都有极大的好处。而且这个小区内配套设施齐全，室内活动室、儿童游乐区、篮球场等一应俱全，您在闲暇之余散散步、打打球，既能锻炼身体，又能呼吸到新鲜空气，多好啊！

最后，咱们再看看这个楼房的结构，钢筋混凝土的，这种结构的住宅主要承重部位如墙、柱、梁、楼板、楼体、屋面板等都是用钢筋混凝土制成，非承重墙用加气、空心砖或其他材料填充。它的优势是抗震性能好，整体性强，耐火性、耐久性、抗腐蚀性强。”

客户：“你分析得真专业啊！这房子有这么多优势我还真没看出来。你这么有经验，赶紧帮我也好好介绍介绍吧，我想要一个……”

口才训练解读

在一般人的眼里，鲁班门前耍大斧、关公门前耍大刀、孔子门前卖字画都是不自量力的行为。由此可见，人们在面对专业权威的人士时，通常会表现得非常谦卑和信服。口才训练中的销售人员同样也明白这个道理，所以他才从一个专业者的视角出发，帮客户分析房子的布局、居住环境、建筑结构。每一个层面都说得详细具体、头头是道；每一个专业点都分析得科学合理，无可辩驳。当然，也正是由于他这样专业化的言行征服了客户，所以客户才会赞赏有加，迫不及待地吐露自己的心声，寻求对方的帮助。

专家意味着专业，意味着权威。那么销售人员应该怎么做才能让客户相信你是房地产领域的“专业人士”呢？

1. 对自己的形象有一个良好的定位

房地产销售人员要想让客户感受到你具有一个专业人士的魅力，首先要注意自己的衣着打扮。服装整洁与气质沉稳会给客户留下专业的、值得信赖的印象，会增加客户对你的信心。反之，如果整天不修边幅，一副吊儿郎当的模样，如何取得客户的信赖呢？

2. 言谈举止要体现出你有丰富、全面的知识储备

俗话说，绣花要得手绵巧，打铁还需自身硬。房地产销售人员要对自身楼盘的结构、单位面积、朝向、楼层间隔、建筑材料、购楼须知、价格、付款方式、销售手册、周边环境、配套设施及周边楼盘等关键信息有一个充分地了解，同时还需要熟练掌握开发商名称、楼盘详细地址、银行账号、签订认购书、交款手续、签订合同、办理按揭、入伙手续、办理房产证等有关手续及收费标准。

只有储备了足够的房地产知识，碰到客户不了解的地方，销售人员才能用专业的知识为其提供咨询便利服务。当然，通过专业的解答和分析，客户也会对你这个“专业人士”刮目相看。

比如，可以告诉客户：“我们的楼盘不是……结构，而是……结构，具有……特点，这种结构能降低……，能提高……”；“内墙涂料别人是……，而我们采用的是……环保产品，有……功效”；“插座是……产品，是……材料，有……特点”，等等。这样专业的分析客户既感到神秘，又感到信服。

3. 说话要底气十足

自信是成功的重要秘籍。在客户面前要想展现你专业权威的一面，说话就得有条不紊，底气十足。如果说话磕磕绊绊，语无伦次，紧张感十足，那么

客户无论如何都会质疑你销售的专业性。

口才训练点睛

要想让客户在你面前吐露心声，说出需求，那么就得以一个“专业人士”的身份让他们信服。一般来说，销售人员的“专家”魅力主要体现在三个方面：树立良好的专业形象；言谈举止体现足够的知识储备；说话有条不紊、底气十足。

口才训练 14：了解客户的实质需求，适时提出自己的建议

俗话说，牵牛要牵牛鼻子，打蛇打在七寸上。不管做任何事情，只有找到问题的关键所在，才能起到事半功倍的效果。房地产销售也是同样的道理，在客户的诸多需求中，只有找到其实质的需求，才能为其提供有针对性的建议和推荐，从而也可以加快销售的步伐。

口才训练

房地产销售人员：“吴先生，请问您现在居住在什么地方？”

客户：“我就住在小店区 ×× 超市附近。”

房地产销售人员：“那儿挺好的啊，我的一个朋友也住在那附近。”

客户：“嗯，那个地理位置挺好的，周边生活环境也很成熟，各种生活设施一应俱全，就是住的房子有点儿小，才 40 平方米。”

房地产销售人员：“对，那确实是一个不错的地段，不过 40 平方米的确是小了点。对了，我们这个小区有一些大户型的房子，不知您是否会考虑呢？”

客户：“哦，因为前段我们家孩子上了××小学，我还是希望在那附近找一个房子，这样以后接送孩子也比较方便一些。”

房地产销售人员：“哦，是这样啊。那你们现在住的地离孩子上学的地方确实远了一些。按照您的需求，在孩子学校的附近有一个××雅苑，居住环境和您现在的小区非常相似，而且那里的物业也很负责任，最重要的是您孩子以后上学也方便，大概走10分钟就到学校了，到时候我给您推荐一个大面积的单元房，怎么样？”

客户：“嗯，好的。你们有100平方米左右，大概××万元的单元房吗？”

房地产销售人员：“您放心，我们公司在那里有非常丰富的客源和房源，根据您的需求，我会为您推荐一套合适的房子。对了，除了上面提到的，您另外还有其他什么特别的要求吗？”

客户：“基本上就是这些了，别的没什么要求。”

口才训练解读

在这个销售口才训练中，销售人员为了探究客户的实际需求，首先从其现居住的地址开始询问，尔后一步步引出客户对现在居住房屋面积的不满。不过，大面积房源并不是客户唯一的要求，在后面的交流中可以看出，找一个距离孩子学校近的房源才是客户最实际的需求。在探明了客户的需求之后，销售人员又给客户推荐了靠近学校附近的××雅苑的房源，整个过程可谓紧扣客户的需求，是一个成功的推销案例。

作为一名房地产销售人员，只有了解了客户的实际需求之后，才能提出针对性的建议，做出最有效的推荐，当然也就更容易赢得客户的青睐。那么如何才能了解客户的实际需求呢？

一般来说，房屋的地段、户型、价格、小区环境、物业管理、配套设施等都是客户关注的焦点。但是每位客户实际的需求不同，所以关注的侧重点也有所区别。以下购房需求鉴定要素（NEADS）可以帮助销售人员有效地探知客户内心真实的想法和需求。

N（Now）：表示现在情况，包括已看过什么楼？

E（Enjoy）：表示对目前住的地方喜欢什么？

A（Amend）：表示针对现在可改变什么？

D（Decision-maker）：表示谁有决策权？

S（Stumbling-block）：表示成交障碍是什么？

房地产销售人员可以从这 5 个方面着手，以提问的形式不断探知客户的真实情况。当然，要想准确地挖掘到客户的实际需求，仅仅依靠提问还是远远不够的。认真观察、仔细揣摩、专注倾听也是必不可少的。

此外，在了解客户需求的过程中，销售人员要懂得尊重客户的隐私，在涉及一些比较私人的问题需要尽量避开。当然，在没有弄清楚答案之前，销售人员切忌自作聪明，盲目猜测，胡乱采取措施进行销售，否则很容易导致销售的失败。

在探明客户的实际需求后，销售提建议的时候就有了一定的依据，在推荐房源的时候也就有了侧重点，知道说什么对客户有利，说什么客户会比较反感。比如，注重地段的客户，销售人员可以建议其选择一个交通便利，上下班方便的居所；注重环境的客户，销售人员建议其选择一个植被覆盖面广，功能设施一应俱全的小区；注重价格的客户，销售人员则可以建议他选择经济实用的房源。总之，客户的实质需求决定销售人员建议和推荐的方向。

口才训练点睛

客户的需求是其购买的基本动力。因此，作为一名销售人员需要学会使用NEADS这一购房需求鉴定要素，首先探明客户的实际需求，然后对症下药，为其做出有针对性的建议和推荐，这样客户的购买欲望才会越来越强。

口才训练15：通过交流，挖掘潜在客户

客户的需求分为隐性需求和显性需求。有的客户购房意图并不明显，藏在其潜意识里，不易察觉。但这并不意味着他们就没有买房的可能，销售人员若是能够充分发挥口才的作用，积极与他们沟通交流，相信一定能调动起这些潜在客户的购房需求。

口才训练

李翔是艰苦创业的“80后”的典型代表。他“北漂”多年，努力打拼，终于积累了一笔资产。可是最近他对这笔资产的支配问题犯了难，他不知道该拿这笔钱继续投资呢，还是安安稳稳地购置一处房产。销售人员张磊得知李翔的这些情况后，打电话约见了他。

见面寒暄之后，张磊故作感慨地说：“‘北漂’真的很不容易，身为一名外来的打工者，我深有体会。您也是一个地地道道的北漂追梦者，白手起家，一路奋斗，现在还开了这么大的公司，真的好让我羡慕啊。”李翔不好意思地答道：“哪里哪里！你过奖了，我只是普通奋斗者中的一个罢了。不过，话又说回来了，背井离乡真的很不容易。”因为北漂的话题一下子触碰到李翔内心深处的种种辛酸，所以他的话匣子一下子就打开了，不知不觉中说了很多奋斗的过往。

“俗话说：‘两利相权择其重，两弊相权取其轻。’买房和投资相比，我觉得买房更划算一点。因为投资的话，收益性和风险性并存，一旦失败您多年的辛苦就付诸东流了，您家人的生活也没了保障；反之，如果买一套房的话，您不仅拥有了一份固定资产，而且还给您的家人以很大的生活保障。您也说过，您的妻子不离不弃地跟着您辛苦创业，吃了很多苦。我觉得给她一份安全感就是对她最大的疼爱和回报。再说，北京的房价您也知道，您买下之后可以保值，当作固定资产！”张磊循循善诱地为李翔分析利弊得失。

听了张磊的话，李翔深以为然地点点头。

“现在咱们正好有一套房子，前天刚放出来就有很多客户打听。小区的地段也不错，环境也挺好的，绿化率能达到45%，配套设施一应俱全，您闲来无事可以陪爱人、孩子散散步，锻炼锻炼身体，也不失为一种幸福。而且这房子业主年前才刚刚装修完，很新，您连装修费都省了。”

李翔一听很有兴趣，就跟张磊深入地聊了起来，并且还约好了看房的时间。

口才训练解读

索尼的创始人盛田昭夫说过：“我们并不是去服务市场，而是去创造市场”。同样的道理，潜在的客户有的时候并不能意识到自己有买房的需求，这个时候就需要销售人员积极挖掘，找到他们的潜在需求，从而为成交创造新的可能。

以下便是挖掘潜在客户的几个沟通技巧，房地产销售人员一定要牢记，并且熟练运用。

1. 成功的欲望

虽说销售人员推销的并不是什么豪宅，但是拥有一套属于自己的房子是很多人眼中成功的标准。所以销售人员可以抓住客户的这一诉求，着重描述楼盘给人的整体感受以及楼房生活的美好体验。高端、大气的整体形象和现代化的高品质生活最能满足客户彰显身份、地位的心理需求，因此在销售时不妨从这个角度出发，刺激客户购买的欲望。

2. 投资回报和安全需求引导客户

从某个角度来讲，买房是一个相对低风险的行为。如果选择合适的地段，房子还能保值，客户从中可以享受保值带来的安心。同时，它还可以给客户提供一种生活的保障，给家人带来幸福感。所以销售人员可以从保值和安全需求的角度引导客户，使其意识到买房是有利可图的，这样他内心购房的欲望就会逐步增强。

3. 从租房的弊端来加以引导

游走在大城市，每一个人都希望在这里有属于自己的一片小天地。不用担心房东哪天上来催房租，也不用担心自己有“刚刚布置好窝，又得请搬家公司”的苦恼，更不用担心因家里多人口而遭受房东的唠叨和嫌弃。每个人都有自尊，每个人都有求便的心理，因此销售人员可以通过列举租房的种种弊端来挖掘客户内心深处对房子的渴望。

口才训练点睛

有句话说：“有条件要上，没有条件创造条件也要上。”一个真正的成功者应该善于在没有条件中创造条件。作为一名房地产销售人员，也应该积极发挥自己的主观能动性，不断地挖掘潜在客户，这样才能获得更多成交的机会。

第三章　妙语连珠，带客户看楼增强其购买欲

客户的购买欲望是双方顺利交易的关键所在。要想在带看的过程中增强客户的购买欲，房地产销售人员要懂得恰如其分地介绍好房源的卖点；当然，还要懂得在闲聊的时候有意识地提升楼房的价值；更要学会巧设悬念，激发客户的了解欲望和购买欲望……只有掌握了这些相关的语言技巧，带看客户成功的概率才会得到极大地增强。

口才训练1：房子靠近街道，吵死人了

当房地产销售人员带客户去看房子的时候，如果房子是挨着街道的，那么会有很多客户以影响休息为由拒绝。遇到这样的情况，房地产销售人员应该怎么办呢？

口才训练

房地产销售人员："先生，您好，您看一下这就是您选择的那套户型，请进来看看。"

客户："嗯，这个房子的客厅还挺宽的，不过这个房子挨着街道啊，这晚上怎么办啊，一家老小的睡眠都成问题，每天无数车辆在楼下摁喇叭，这房子不行啊。"

房地产销售人员："先生，其实这条马路上车流量并不大，也没有大型车从这儿经过，您刚刚过来的时候也没有看见附近有红绿灯吧。如果您实在不放心，那我建议您在装修的时候安装双层隔音玻璃，这样外面任何声音您都听不到了。我以前的一个客户也是在这栋楼上买的房子，他安装隔音玻璃之后，基本上就把外面的噪音隔住了。"

客户："真的吗？"

房地产销售人员："嗯，是这样的。我可以帮您问一下原来的那个客户，看看他装的是哪种隔音玻璃。而且您也知道，这房子的价格之所以比同小区内侧的房子便宜，主要是因为它临街的位置。不过这个位置并不会给您的生活带来多大影响，反而能帮您省下十几万块钱呢！更重要的是，房子在10楼，您俯身下来，视野非常广，采光也不受任何影响。总的来说，利大于弊，您买下来的话会非常划算。”

口才训练解读

房源紧挨街道，很多敏感的客户难免担心自己会受到噪声的影响。应对客户此类质疑，房地产销售人员千万不可说“只是白天比较吵，晚上就不吵了”之类的话，这样的解释难以消除客户的疑虑，所以不管白天还是晚上，客户都不会接受的。

当然，销售人员也不可以拿“价格便宜”“过段时间你就习惯了”这样的话搪塞客户。这个房源缺陷可以拿别的办法来补救，但绝不可以用牺牲客户睡眠的方式让其将就习惯，当然客户更不可能为了省几个钱就马马虎虎买下一个有问题的房子。

对于客户“房子靠近街道，吵死人了”这样的质疑，房地产销售人员最好像口才训练中那样积极为客户寻求弥补缺陷的方式，以此来消除他们内心的顾虑。此外，房源周围若是有绿化带，那就又多了一个说服客户的理由，因为绿化带本身就有降低噪声的功效。

当然，为了更好地说服客户，增加其购买的欲望，销售人员还需要以房源的其他优势来弱化客户关注的缺陷，比如“这套房子在10楼，您俯身下来，视野非常广，采光也不受任何影响。总的来说，利远远大于弊，您买的话会非常划算。”这样客户的注意力会再次被房源优势所吸引，慢慢地就弱化了对房源缺陷的顾虑。

应对此类异议的语言技巧示范如下。

“先生，您言重了，您要是担心这里不够安静，完全可以将玻璃换成双层隔音玻璃，那样声音就会小很多。等到周边的绿化设施建好，绿色隔音墙也有很好的隔音效果，到时候即便紧挨街道，也会远离喧嚣的。”

“先生，您现在买到手的价格已经十分便宜了（一般来说，靠近马路的房子相对于不临近街面的要低一些），这个房子您可以自己住，也可以选择租出去。这套房子虽然紧挨街道，但是视野开阔、上下班交通便利，许多外来人口从这里经过，出租也容易。怎么说，这套房子买的都挺值的。”

口才训练点睛

在带看的过程中，当客户对临街的房源产生异议时，房地产销售人员既要引导客户认识到临街房源的优势，又要通过多种证据让其明白临街房源不会给客户的生活造成多大影响，这样客户才会放心地接受这套房源。

口才训练 2：巧妙介绍楼盘卖点

一般而言，客户购买房屋并非因房屋本身，而是它能够满足客户一定的需求，能够为客户带来某些便利。因此，房地产销售人员在和客户交流的时候，就要讲究一定的技巧，巧妙介绍楼盘的卖点，从而将客户的注意力牢牢地吸引到楼房上来。

口才训练一

房地产销售人员“先生，您好，来看房子啊？”

客户：“是的，来看看房子，选一套安静的房子，家里的小孩快出生了。”

房地产销售人员：“先生，恭喜您啊，双喜临门啊。”

客户：“谢谢。”

房地产销售人员：“先生，您在这边买房子可真是选对了地方啊。”

客户："这话怎么说呢？"

房地产销售人员："就在这个楼盘不远处就有医院和妇幼保健站，有什么情况都很方便。此外，前面还有个小学，以后接送孩子上学也方便。"

客户："那不错啊，你来给我详细说说房子的情况吧。"

房地产销售人员："好的。"

口才训练二

房地产销售人员："这位女士，您好，请问您是要看房子吗？"

客户："对，之前那个两室一厅的户型。"

房地产销售人员："您好，您这边请。"

客户："这走廊有点儿窄啊。"

房地产销售人员："还好吧，这个走廊也是严格按照建筑规范做的，它只是一个通道，在这个楼的不远处还有其他的楼梯。您放心吧，这个防火设计是一个特色。"

客户："嗯，稍后我再去那边走走看看，咱们先看房子吧。"

房地产销售人员："您看，这采光真是不错啊，要是十五观灯、赏月都挺开阔的。看看楼下的这些商贩、餐馆、地铁站，衣、食、住、行都比较方便。"

客户："是啊，视野开阔，出行便利，明天我带家人再来看一下。"

房地产销售人员："好的，回头见。"

口才训练解读

每一位销售人员在向客户推销户型图或者看房的时候，都要清楚地向客户说明房屋的实际价值和不容忽视的潜在价值。上文口才训练一中的房地产销售人员从客户怀孕的妻子和未来孩子的身上着手，巧妙地将周边的设施作为楼房的卖点介绍给客户，这是十分聪明的。口才训练二中的销售人员用建筑规范来打消客户的疑虑，再从楼房周边的餐饮和交通入手，通过衣、食、住、行等多方面来打动客户，增强其购买意愿。

房地产销售人员在介绍楼房的卖点的时候，要注意以下几点。

1. 介绍卖点要有侧重点。通过和客户的交流以及观察来辨别客户内心的关注点，对于卖点要有所保留。一次性一股脑儿的将楼房的卖点都说出来，客户不会有很深的印象，很容易遗漏。同时，留下些许的卖点是为了后期跟进以及签约能有谈判的余地。

2. 介绍卖点要有理有据。切忌夸大事实，甚至胡编乱造、无中生有。客户会在多次看房过程中，随着对房子的深入了解并戳穿谎言，结果可想而知。

3. 说明楼盘卖点的时候要言语清晰，卖点有吸引力，不要说一堆无关紧要的话。

口才训练点睛

房地产销售人员在介绍楼盘买点的时候要坚持实事求是的原则，这样才能博得客户的信赖。此外，房源卖点的介绍要简明清晰、详略得当，否则很难起到理想的带看效果。

口才训练3：巧言利弊折中增加购买欲

印度著名诗人泰戈尔在《飞鸟集》中写过这样一句话：“神的右手是慈爱的，但他的左手却可怕。”这句话告诉我们，事物存在两面性。当好的和坏的同时呈现在人们的眼前时，如何利弊折中就成为摆在人们眼前的一个难题。面对房源的优势和缺陷，很多客户都摇摆不定，犹疑徘徊。对此，房地产销售人员又该如何引导呢？

口才训练

客户：“这个房子的楼层感觉太高啊，高层的空气质量很不好啊。”

房地产销售人员：“张太太，这个房子的楼层确实有点儿高，但它的地理位置好啊。您看，您平时上下班多方便啊！步行10分钟就可以到单位了。既帮您节省了交通费用，又可以省下很多乘车的时间，这样下班之后就可以早早地接孩子做晚餐了。假如您住得远的话，在路上耽误一两个小时，您的时间和精力就会被大大损耗掉。长此以往，您的生活质量和身体健康会受到影响。”

客户：“嗯，这个地理位置我倒是很满意，但是这套房的格局也不太理想，卧室正对客厅，私密性一点也不好。”

房地产销售人员：“确实有一间卧室的朝向不太理想，不过您只需稍微改动和调整就可以解决这个问题。而且我还要给您透露一个好消息，那就是咱们所在的这个小区在××年的评选活动中获得了全市区‘十佳物业小区’。”

客户：“真的？”

房地产销售人员：“当然是真的了。您知道这意味着什么吗？这说明咱们小区管理有序、平安文明、生态宜居、人际关系和谐，这样好的生活环境，您住进来可是相当放心呐！”

客户：“能获得这份荣誉的确是一件好事。不过要是这套房价格能给我再优惠一点就好了。你看看，每平方米价格整整贵了五六百元呢。”

房地产销售人员：“看来您的这个买房准备工作做得还挺足的，我们的价格是贵了一点。对了，张太太，您知道吗？我跟您提起过的××重点中学

的特级教师 ×× 家的新房也在您所在的这栋楼上呢？”

客户：“真的？就是人们常常说的那个很厉害的 ×× 老师吗？”

房地产销售人员：“对呀，她 ×× 年带出来的那个班级的英语平均分数在100分以上呢！现在好多家长都追着赶着找她帮自家的孩子复习功课呢！（回归需求）”

客户：“哦，实在是太好了，我儿子就英语不好，要是能找她指导一下，成绩就有望提升了。”

房地产销售人员：“呵呵，张太太，确实是这样，如果您以后也能居住在这儿，那真是近水楼台先得月，你们相互之间都是邻居，低头不见抬头见，您孩子以后补习英语不也更方便了吗？”

客户：“哈哈，是啊，看来这儿真不错呢！”

口才训练解读

十全十美的楼盘是不可能存在的。因此，客户在带看的过程中常常会对房屋的缺陷颇有微词，甚至百般挑剔，这是很正常的现象，房地产销售人员不必介怀，也不必慌张。通常来说，碰到这样的情况，最有效的说服办法就是引导客户回归需求。口才训练中的房地产销售人员就是这样做的。

当客户对房屋的楼层、格局等缺陷提出质疑时，销售人员并没有否认，而是主动绕开这些缺陷，直击客户的主导需求，让客户一次次地体验到房屋的各种优势。可以说符合客户需求的房源优势是淡化和消除房源缺陷的关键所在，客户在感受到利益和价值之后，自然就增强了购买的欲望。

最后，销售人员还需要注意一点，当客户抱怨房源的缺陷时，不可刻意掩饰或者据理力争，这两种做法都会给推销带来不利的影响。

俗话说，嫌货才是买货人。通常来讲，客户在参观考察现场的过程中，挑出楼盘的缺陷，或者提出自己的意见与问题，并不意味着他们对房屋失去了购买的信心；相反，这表明客户已经开始认真地考虑并比较房屋的优缺点，以便做出对自己最有利的决定。因此，房地产销售人员只要巧言周旋，分析利弊，回归客户需求，那么最后就极有可能促成销售。

1. 避虚就实，回归需求

正所谓“金无足赤，人无完人”。客户也懂得这样的道理，所以他才会在初步了解房源优劣之后仍然有兴趣参观房子。了解了这一点之后，房地产销售人员便可以用避虚就实的方式加以化解。具体做法就是把介绍的重点放在房源的优势上，放在客户的主导需求上。这样一来，瑕不掩瑜，客户自然就会慢慢淡化房源的缺陷。

2. 先贬后褒，调换介绍的顺序

战国时“田忌赛马”的故事想必每个人都不陌生，孙膑将同样的马匹，调换了一下出场顺序，便将比赛的败局轻松扭转过来。由此可见，要想事物发生质的变化，除了量的积累，还可以通过改变事物的出场顺序来实现。

所以，房地产销售人员在介绍房源的时候不妨从中借鉴一二，先说出房源的劣势，然后再介绍房源的优势，介绍的次序不同，最终的表达效果也不尽相同。比如，“我们这个楼盘环境非常好，植被的覆盖率已达到 50%，这样可以有效改善空气质量，吸收粉尘，降低噪声污染，只不过这儿就是地段偏了一些，离市区比较远。”

“我们这个楼盘地段有一点儿偏，正是因为远离了市区的喧嚣，所以这个小区周围的绿化率才会这么高。这里空气清新、绿意盎然、闲适安静、是生活的理想居所。您要是在繁华闹市买一套房子，恐怕享受不到这种宁静幽远的品质生活，您说是不是？”

虽然上述两者讲的都是同一处房源的优缺点，但是介绍的顺序不同，房源给客户留下的印象也不相同。按照前者的介绍，客户记住的是房源的缺陷；按照后者的介绍方式，客户记住的房源的优势。因此，在带看的过程中，房地产销售人员一定要熟练掌握这种说话的技巧，这样才能冲淡客户对房源缺陷的不满，进而增强其购买的欲望。

口才训练点睛

在带看客户的过程中，房地产销售人员可以利用避虚就实和先贬后褒的语言技巧化解客户对房源缺陷的不满。不过，这并不意味着销售人员可以对客户欺瞒哄骗。坦诚地交代房源的不足，然后使用恰当的语言技巧促使客户树立牢固的购买欲望，这才是一个优秀房地产销售人员最应该做的事情。

口才训练4：遇到客人不愿意签看楼协议怎么办

在带看之前，和客户签看楼协议是一项必不可少的工作，目的就是为了防止别有用心的客户和业主绕开中介私下成交。这其实是保障房地产销售人员和公司利益的一种行为。但有些客户并不理解，更不愿意在这上面签字，对此，房地产销售人员应该怎么办呢？

口才训练

房地产销售人员：“张姐，来！这里有一份看楼协议，您签一下字。”

客户：“这是干什么的？为什么要签啊？”

房地产销售人员：“这是一个我带您看房的证明。”

客户：“咦？这上面为什么还有‘私下成交，需交5%的佣金’的规定，这是什么意思？”

房地产销售人员：“哦！它的意思是指假如有人跳单，绕过我们中介，私下同业主成交，我们是要追究当事人的责任，也就是买卖双方本来应付的佣金都要当事人支付了。”

客户：“这个房子我买不买还不一定呢，万一我到时候不想买，你们是不是也要收5%的佣金啊？”

房地产销售人员：“这个绝对不会！张姐，一看您就是一个非常讲诚信、非常有原则的人，要说您能跳开我们，私下同业主成交，我可是一点儿都不信，所以您也不必担心我们会向您索赔佣金。”

客户：“那是。”

房地产销售人员：“所以说，您签了字，也不可能有任何违约责任的，对吧？”

客户：“嗯，那既然这样，我就更没必要签了，签不签字都不会有任何问题啊。”

房地产销售人员：“这个不可以，您就算是帮我个忙，签一下吧。”

客户：“难道你信不过我吗？你说我会投机取巧，为了省几个中介费干那种没有道德的事吗？”

房地产销售人员：“我当然相信您啦，您绝对不会那样啊！”

客户：“所以说，我就不用签了啦！”

房地产销售人员：“张姐，我们公司规定，看楼前客户必须要签看楼协议。如果我没有让您签字就带您看房，就相当于严重违反了这条规定，我不仅会受到领导的严厉批评，而且还会交一笔罚款呢！”

客户沉默了一会儿。

房地产销售人员：“张姐，像您这么诚信的人，其实我是百分之百信任您的，您签和不签对您造成的结果都是一样的，可是对我造成的结果就不一样了。这样吧，今天您就帮帮我，在这里签个名，我真的是感激不尽，我一定会为您好好服务的。”

口才训练解读

在带看过程中，客户一般是不会拒签看楼协议的。但凡事都有特殊情况，有些性格比较敏感的客户在看到和金钱有关的违约责任时总会忍不住胡思乱想，也不想轻易在上面签字。对此，房地产销售人员最理智的做法就是把要求签看楼协议的责任推到公司头上；如若客户还是不同意，那么销售人员就需要打一张同情牌，告诉客户如果没有签协议，自己会因此而受到处罚。此时，客户如果不签，他的良心也会受到谴责，就算是出于道德考量，他也会答应在上面签字的。

当然了，要让客户在看楼协议上签字，难免会涉及一些违约赔偿的假设问题。为了降低客户对此事的敏感度，销售人员一定要首先肯定客户的人品，赞扬客户的诚信，告诉客户签与不签对他本人来说没有区别，这样他才乐意在上面签字。

销售人员在要求客户签字的时候，当心触碰到这个语言的“雷区”：

告诉客户，公司规定：不签看楼协议，不能带客户看楼。这样的话有点儿威胁的意味，客户最反感的就是“公司规定”这些霸王式条款，所以这样的言词很容易激怒客户。

当然，销售人员也不能抱着消极敷衍的态度，不做任何努力，虽然说跳单的人不多，但是防人之心不可无。为了确保自己的劳动成果不受损害，销售人员还是需要多方劝导、灵活应对。

口才训练点睛

看楼前签看楼协议是一个必要的环节。一般客户会配合房地产销售完成这项任务，但也有部分客人敏感多疑，不愿意签字。遇到这种情况，销售人员应对的语言技巧就是“赞美 + 推责 + 求助”。赞美是为了鼓励客户签字，推责是为了表示销售人员对此事的无可奈何，求助是为了打同情牌，激发客户的同情心理。销售人员只需开启这三种谈话模式，一般客户都会在看楼协议上签字的。

口才训练 5：看房过程中随机应对任何问题

在带客户看楼的过程中，房地产销售人员也会遇到各种各样的客户，也会遇到一些意料之外的事情。对此，销售人员一定要情绪平稳，思维灵活，以较强的应变能力随时应对任何出现的问题。

口才训练一

客户：“什么？房价怎么涨得这么快呢！将近 1 个月的时间每平方米就涨了 10 000 多块钱呢？”

房地产销售人员：“是啊，以前是每平方米 40 000 元。不过这个地段比较好，现在已经升到了每平方米 52 000 元。虽然说它的涨幅比较大，但从另外一方面来看的话，这是一个抢手、稀缺的房源。”

客户：“你说得也对啊。”

口才训练二

房地产销售人员正在和客户详细介绍房源，这时客户的爱人一不小心打翻了业主递上来的一杯水，这杯水不仅洒到了桌子，而且还溅到了客户爱人的衣服上。见此情景，销售人员赶紧拿来纸巾递给她，并且笑着对她说：“您和这房子真有缘，恭喜您，住进来之后一定会财源滚滚，大富大贵。”

客户：“为什么这么说？”

房地产销售人员：“因为遇水则发，以水为财！”

客户：“看来等一下出去之后我得从那个景观池跳下去，这样就可以得到一笔横财了！”（客户听了销售人员的话也忍不住打趣起来。）

房地产销售人员：“那样是故意的，不算。您爱人刚才是无心之失，那才能算是财！”

此时，在场的所有人都哈哈大笑起来，尴尬的场面一下子就化解了。

口才训练解读

拥有良好的口才应变能力是每一个房地产销售人员必须具备的职业素养。面对带看过程中的突发性事件，销售人员只有具备“处乱不惊，急中生智”的能力，才能有效化解尴尬，促进销售。

上述口才训练中的两个房地产销售人员就是随机应变的高手。口才训练一在面对客户的价格质疑时，立刻想到了房源的稀缺性，很好地满足了客户的求利心理，从而有效化解了客户的不满；口才训练二在手忙脚乱的情景中，用“遇水则发，以水为财”化解了客户爱人的尴尬，同时活跃了交流的氛围，坚定了客户购买的信心，真可谓是化解尴尬的最好范本。

俗话说：“冰冻三尺非一日之寒，滴水石穿非一日之功。”房地产销售人员要想练就一身随机应变的好本领，还得从日常工作中逐渐学习和积累，并且不断总结。除此之外，销售人员还要善于察言观色，多留心客户的表情和神态，防止买卖双方私下“递纸条”。

不过，销售人员在看房过程中要做到面面俱到，从容应对任何问题。除了在平时多观察、多学习之外，还要懂得从辩证统一的角度分析和思考问题，这样才能练就灵活自如的逻辑推理能力和能言善辩的口才。

按照马克思辩证统一的哲学思想，世界上任何事物都具有两面性，有好的一面就有坏的一面。在带看的过程中遇到突发情况时，销售人员要做的就是从负面的影响中找到有利于客户的正面的能量。比如，上述口才训练中“以水为财”的话语，水既是这场带看过程中尴尬的制造者，又是客户以后发财致富的一个象征。销售人员能言善辩使得这场尴尬很快便化为无形。

口才训练点睛

俗话说：“到什么山头唱什么歌。”房地产销售人员要想在带看的过程中随机应变，左右逢源，灵活化解在此过程中出现的任何问题，就得多看、多听、多思、多记，这样才能积累足够的知识储备，为口才魅力的发挥提供一定的资本。

口才训练 6：带看与客户要求有一定偏差的房子

其实，客户不管购买任何东西，要想找一个十全十美、称心如意的是很难达到的。小到牙刷、牙膏，大到房子、汽车，不管是产品的性能、价格，还是产品的材质、功效，总有那么一样难以满足客户的需求。那么，在带看过程中，如果遇到与客户要求有偏差的房子，销售人员应该怎么办呢？

口才训练

房地产销售人员：“李太太，买房子很不容易吧？”

客户：“是啊，我都已经看了十几套房子了，但每一套都和我预想中的有一些偏差。”

房地产销售人员：“哦，不知道您对这套房子的什么地方不满意。”

客户：“这个楼体颜色太深了，看着真不舒服，这个小区规划的前后左右宽窄不一，买房很忌讳这个。”

房地产销售人员：“李太太，中国有一句话叫：‘金玉其外，败絮其中’。如果光看外在的形象，没有真正的实用价值，我相信您也不会看上它的。虽说楼体颜色深一点，但是您看这个房子的地理位置多好啊，这周围的地铁、公交、超市、卖场、医院、餐饮一应俱全，您说住进来之后，生活多便利啊。”

客户：“那倒是。”

房地产销售人员：“虽说买房是一件大事，马虎不得，但是尺有所短，寸有所长，这个世界上没有十全十美的房子，所以要想找一个完全合乎心意的房子并非一件易事。您买房子也是为了居住舒适，与其追求外观的完美，不如关注内在的舒适。只有住的舒适、便捷，您的生活质量才不会受到影响，您说对吧？”

客户：“嗯，你说得在理。”

口才训练解读

房地产销售人员在带看与客户要求有所偏差的房子时，一定要懂得多角度思考，把房源的缺陷转换成房源的独特卖点。这样才能有效化解客户的异议，从而坚定地树立其购买的决心。在上述口才训练中，房源所处的小区本来在布局上有些缺陷，未能获得客户的认可，但是房地产销售人员却能巧妙地引导，让客户看到房源其他的闪光点，一下子把话题引导到客户的需求上来，于是客户心中的不满很快就被房源的优势和卖点化解。

当带看的房源有一定的缺陷，未能满足客户的需求时，销售人员不妨从以下几个语言技巧加以引导。

1. 从外观条件看

地势高的房子：雨季不易积水，而且视野开阔，俯瞰全城。

地势低洼的房子：私属领地，受风小，冬暖夏凉。

楼顶是圆的房子：巴洛克风格，是欧洲文化的典型艺术风格。

楼顶是尖的房子：哥特式风格，充满奇特、神秘之感。

楼间距小：邻里亲近，和谐温馨。

2. 从位置上看

边上是荒草地：超大绿化，绿化面积大，空气清新，满眼绿意，愉悦身心。

边上有家银行：紧邻中央商务区。

边上有个居委会：中心政务区核心地标。

边上有家学校：浓厚人文学术氛围，孩子上学方便。

边上有家医院或诊所：就医条件便利，拥抱健康，安享惬意。

边上有家小卖店：便利生活，触手可及。

边上有个垃圾站：人性化环境管理。

边上有火车道、地铁口：出行便利，四通八达。

边上什么也没有：简约生活，闲适安逸。

3. 从小区的安全层面看

门口有保安：管家式服务，小区安保工作到位，生活安全省心。

门口没保安：和谐的邻里关系。

4. 从交通环境看

公交车多：交通枢纽，坐拥城市繁华。

没有公交：私属领地，坐拥安静恬适的生活空间。

偏远地段，交通不利：绿化条件好，而且远离闹市喧嚣、尘世的嘈杂，尽享静谧的生活。

郊区乡镇，出行不便：价格低廉，空气清新，有机会拥抱大自然的一草一木，又何尝不是一种幸福。回归自然，享受田园风光。

口才训练点睛

每一个房源都有其独特的卖点，就算是那些和客户要求有所偏差的房源也有推销出去的可能性。关键要看房地产销售人员能否把房源的这些缺陷转换成其独特卖点，能否把交流的话题转移到客户的需求上来。

口才训练 7：看楼过程中，巧妙地打开客户的话匣子

不少房地产销售人员有这样的困惑：在带看的过程中，客户总是沉默不语，就算销售人员说得口干舌燥，也无法勾起客户交流的欲望，更加无法与之达成正常的交流和互动。销售不是一个人的独角戏，没有客户的参与，只有销售人员一个人干巴巴地介绍，很难达到理想的推销效果。对此，销售人员应该怎么做呢？

口才训练一

房地产销售人员：“王大哥，听您说话，是陕北口音啊！”

客户："是啊，我是陕西榆林人。"

房地产销售人员："这么说，咱们可是老乡啊，没想到，身居异地，还能听到这么亲切的乡音，真是太好了。"

客户："您也是榆林？"

房地产销售人员："不是，我老家是绥德的，咱们离得不远，说话口音也非常相似。"

客户："是吗？那真是太巧了！米脂的婆姨绥德汉，是咱们陕西的骄傲啊！"

房地产销售人员："谁说不是呢？大哥，听您说话真是亲切得很啊！说起咱们家乡啊，那可是山美水美，人杰地灵啊！"

客户："那是！你知道吗？最近咱们家乡听说在修铁路了……"

渐渐地，客户的话越说越多，两人仿佛好久不见的亲人一般。最后销售人员成功地把房子推销给了这位老乡。

口才训练二

房地产销售人员："吴小姐，您长得特像我上高中时班里的那个班花呀。您刚一进来的时候，我差点认为您就是她呢。"

客户："是吗？"（客户听得眉开眼笑。）

房地产销售人员："真的，我们班的那个班花比您矮一点，没有您身材这么好。但她可是一个十足的学霸呢！我当时不知道有多羡慕她的好成绩呢！"

客户越听越高兴，仿佛就是在说她似的，话也跟着多了起来。

口才训练解读

“老乡见老乡，两眼泪汪汪；一口家乡话，句句诉衷肠……”这首《老乡见老乡》道出了扎根在中国人心中的特殊情结。

在人际交往中，中国人无论走到哪里，不管是在北方还是南方，无论是在国内还是在国外，都特别喜欢认“老乡”。因此，房地产销售人员不妨利用这样一个饱含温度的词汇和客户拉近距离，这样很容易使客户卸下心理上的防备，敞开心扉畅所欲言。当然了，打开客户话匣子的方法并不仅仅局限于上述一种。以长得像某人为借口，也可以建立人际关系，拉近双方的心理距离，增加客情关系。上述口才训练中的两个房地产销售人员就分别成功地运用了这两种方法。

除此之外，向客户虚心请教也是一种打开客户心扉的好方法。一位心理学家说：“如果我们想树立一个敌人，那很好办，拼命地超越他、挤压他就行了。但是，如果我们想赢得一个朋友，就必须得做出点儿小小的牺牲，那就是让朋友超越我们，在我们的前面。”为了满足客户的这种优越感，销售人员可以以请教的口吻向客户请教一些对方擅长的事。此时，客户优越感和表现欲膨胀，往往会很乐意为你解答。当然，话匣子打开之后，客户也愿意放下戒备，和销售人员好好聊聊有关房源的问题。

口才训练点睛

在带看过程中，房地产销售人员可以通过三种方式打开客户的话匣子：第一，以老乡、亲戚、朋友、邻里等身份和客户攀亲带故；第二，把客户当作某个熟人成功搭讪；第三，用谦虚的姿态请教客户。通常来说，利用这三种方式很容易敲开客户的心扉，使之痛快地说出有关房源的意见和想法。

口才训练 8：如何进行沙盘解说

房地产销售人员在向客户介绍楼盘情况的时候，大多会利用沙盘向他们讲述房源情况。因为通过沙盘可以透彻地获知楼盘的周边设施、交通状况、医疗卫生、环境等诸多信息。房地产销售人员在向客户讲解沙盘的时候，要简洁明了、条理清晰，按照步骤进行讲解，不能东一耙子西一扫帚。讲解沙盘是一个优秀的销售人员必备的职业技能。

口才训练

房地产销售人员：“王大哥，您好！欢迎您来到 ×× 花园，我是这里的销售人员赵磊，今天将由我来为您做沙盘讲解。您看，这就是我们 ×× 花园的总体规划，它在这个沙盘模型上都呈现出来了。”

客户：“哦，好，我看看。”

房地产销售人员：“它是一个大规模的、配套设施完善的生活社区。位置处在 ×× 路和 ×× 街的交叉口，占地面积为 30 000 平方米，是本市占地面积比较大的社区。紧邻 ×× 商场，地段繁华，购物方便。出了小区走三四百米就可以到达公交站点和地铁站。如果您从这里驾车去市中心，只需要 10 分钟的时间。另外，×× 大学第一医院也在这附近，步行 20 分钟就到了，家里谁要是有个头疼脑热的，看病也非常方便。”

客户：“嗯，听着还不错。”

房地产销售人员：“我们的一期住户现已入住，现售的是二期工程。×× 年开的那个楼盘很受大家的欢迎，不到 10 天就售空了。这一期一共 5 栋 350 户，楼宇间外有绿地，绿化率达 45%，这样设计的目的是为给大家营造一个绿色、阳光、舒适、温暖、健康的生活社区。我们的主力户型为：77 平方米的一居，90 平方米的两居，125 平方米的三居。这是整体情况，您还有什么想要了解的吗？”

客户：“你说这是一个规模很大的社区，那住户肯定也多，居住环境是不是很局促啊？”

房地产销售人员：“不好意思，怪我没有跟您解释清楚。您看沙盘中我们这个社区是本市规模比较大的，采用的是大空间，宽视路设计，楼间距达27米，您室内的采光与观景一点儿也不受影响，而且也能保证您住宅的私密性和空间感。另外，在社区内还有人工喷泉和小桥流水，走进这儿就像走进了一座公园，这都是为了让您有一个高品质的生活环境。”

客户：“哦，这样啊。那你们这儿还有哪些方面的优势？”

房地产销售人员：“我们这儿不仅生态环境良好，而且还签约了××学校，孩子上学也不用发愁。好多客户就是看中这一点，所以纷纷跑过来买房。除去预订的10套房，90平方米的目前还有10套，77平方米的就只剩下20套了。”

客户：“哦，还真畅销啊，我女儿后半年也到了上学的年龄了，我得赶紧解决住房的问题。”

口才训练解读

沙盘解说是房地产销售人员必须掌握的一项技能。它能比较形象地展现楼盘所处的地段、环境、交通、配套设施，以及项目进展等情况。为了更好地增加客户的购买欲，房地产销售人员在讲解沙盘的时候一定要条理清晰、重点突出。如果讲解起来思路十分混乱，没有正常的顺序，客户会难以记住关键的信息，还会对于房地产销售人员的专业能力产生质疑，进而怀疑公司的形象和真正实力。

此外，沙盘解说也要顾及客户的理解程度，若房地产销售人员说出了很多专业术语，客户听得模棱两可，那么他们也不会产生购买的冲动，解说也就变得没有任何意义。

最后，房地产销售人员还要注意，通过具体的数据来营造楼盘热销的紧张氛围也很有必要。俗话说，物以稀为贵，房源越紧俏，客户购买的欲望就会越大。口才训练中的销售人员就是用“××年开的那个楼盘很受大家的欢迎，不到10天就售空了”“90平方米的目前还有10套，77平方米的就只剩下20套了”这样的话凸显出房源的稀缺性。

房地产销售人员在介绍沙盘的时候要注意以下问题：

1. 对于沙盘上能够介绍企业文化和公司周边环境、交通、医疗卫生等综合因素要给出全面透彻地剖析，对于客户不懂的地方要及时地给出解释，讲解过程中语气要稍微缓和，关键的地方要有所停顿。

2. 房地产销售人员要注重提高自身综合素质，不断加强房产专业知识的学习，给客户一种专业上的信赖。

3. 房地产销售人员在向客户讲解沙盘的时候，要及时给出反馈，注意双向交流，不可只顾自己说得一时痛快，全然不顾客户的感受。在讲解的过程中，房地产销售人员要有侧重点，对于周边不重要的设施或者设备尽量少说，对于与自身职业息息相关的房产尽量多说、细说，将沙盘和房产的优点结合起来说，让客户很快地知道楼房的优点和特质。

口才训练点睛

房地产销售人员在介绍沙盘的时候要思路清晰、通俗易懂，并且还要不时地顾忌客户的情绪。这样才不会陷入自说自话、毫无效率的尴尬境地。

口才训练9：如何在闲聊中提升楼房价值

产品的价值是客户购买的关键因素。产品的价值越大，客户购买的欲望就越强。比如，桌上放着一粒芝麻和一个西瓜，如果只有二选一的话，大家都会愿意选择价值大的西瓜。因此，在带看的过程中，销售人员要想增加客户的购买欲望其实并不难，只需不断通过一定的语言技巧来提升楼房的价值即可实现。

口才训练

房地产销售人员：“李小姐，您现在就是想要一个安安稳稳的家，把家具物什都好好安顿下来，再也不用到处租房，对吗？”

客户：“是啊，我觉得一份家的安全感对我来说太重要了。”

房地产销售人员：“其实说实话，我以前也是租房一族，虽然租房远比买房花钱少，但住着总有一种不踏实的感觉。每次搬到一个新家我都会费尽心思把家里擦洗得干干净净，装扮得漂漂亮亮，可是好景不长，要么房东的儿子要结婚，要么政府在规划拆迁，要么邻居人品有问题……总之，每次都会因为一些原因不得不离开，这样我们一家子又得大包小包，不停地寻找新居所。每次搬家，大人还无所谓，可是让小孩跟我受这样的苦，心里别提有多难受了。这样的日子虽然过得下去，但就是没有一点儿安全感。”

客户：“你说得很对，我也是深有体会。我们家曾经搬得最频繁的一次是一年搬了三回。每次搬家，家人都累得腰酸背痛，那滋味儿真叫人难受。”

房地产销售人员：“现在好了，您要是能在这儿买下房，就是真正扎根在这座城市了，以后这家就属于您私人的“领地”了，想怎么布置就怎么布置，想怎么装修就怎么装修，不用再受四处搬家的苦了，也不用担心涨房租了。”

客户：“是啊，想到这个我就有满满的安全感了。”

房地产销售人员：“不过我提醒您一句，反正要买房，迟不如早。您看现在这房价涨得噌噌地，一天一个价，要是晚个十天半月，不仅房价会涨，而且连这套房也有可能是别人的了，到时候您一时半会找不到合适的还得回去租房，还得继续受委屈。”

客户：“嗯，这个我知道，这套房整体还不错，你再给我详细介绍一下吧……”

口才训练解读

一个人越是饥饿，越觉得饭菜可口；越是口渴，越觉得水的珍贵。同样的道理，客户的痛点越大，他对房源价值的认可度才会越高。在上述口才训练中，销售人员紧扣客户的需求，不断扩大客户的痛点，待把自己搬房的种种痛苦经历讲完之后，客户对房源的需求欲又增加一层。由此可见，把控住客户的需求，不断扩大其痛点，有利于提升房源的价值，也有利于增加客户的购买欲望。

当然，提升房源价值的方式并不仅仅是这一种。销售人员还可以通过对比的方式来实现。以下是相关的举例说明：

客户：“不瞒你说，我前段时间在××中介看过一套房子，与这套差不多，所以我还想再多点时间比较一下，看看哪个更划算一些。”

销售人员：“那您方便告诉我是哪个小区的房子吗？”

客户：“××小区，15楼，也是大户型。其他的都还挺满意的，就是楼层有点儿高。”

销售人员：“嗯，那个小区确实地段很好，出行也方便，而且坐北朝南，也是您理想的户型；但是正如您所说，那套房子楼层太高，您家里有老人，他们上下楼很不方便，即便是有电梯，他们岁数大了，身体也受不了。而且如果我没记错的话，15号楼处于临街的位置吧，您还得当心灰尘和噪声。而咱们现在的这套房子挺合适您的，楼层不高，正适合有老人的家庭居住，而且小区的绿化面积大，空气也清新，老人出来散散步，锻炼锻炼，对身体多好啊！最关键的是它处于中心位置，您也不用担心有街上的噪声吵到老人休息。”

俗话说，不比不知道，一比吓一跳。通过前后明显的对比，客户就会更加认同销售人员所推荐的这套房子的价值了。

口才训练点睛

提升房源的价值是增强客户购买欲望的一个有效方法。因此，在带看的过程中，销售人员要想早点儿促使客户成交，不妨通过扩大客户痛点和房源对比这种方式来实现。只要你的谈话交流紧紧围绕这两个方面展开，那么客户就容易达成买房意向。

口才训练 10：快速获得客户的联系方式

在房地产销售中，有着一套严密的流程，拿到客户的联系方式以及姓名等其他基本信息，有利于后期跟进。但是并非所有的客户都愿意透露自己的联系方式，这就需要房地产销售人员应用一些技巧。

口才训练

在××售楼大厅，新开的楼盘格外引人注目，大厅里挤满了来看房的客户。

房地产销售人员：“这位女士，您好，我是××公司的房地产销售人员，请问您想购买什么户型的房子？”

客户：“我想购买面积大采光好的房子，我们一家人在一起住。”

房地产销售人员：“哦哦，我们这期新开的楼盘户型齐全，价格合理，面积在 90 到 200 平方米不等。另外，我们还赠送南北露台面积，得房率很高。对了！请问您贵姓呢？”

客户：“免贵姓张。”

房地产销售人员：“张姐，您好！我姓刘，您就叫我小刘好了。很高兴为您服务！”

客户：“小刘，您好！”

房地产销售人员：“张姐，请问您的全名是张……”（故意把张字拖长一点儿音。）

客户：“我叫张水岑。山水的水，岑参的岑。”

房地产销售人员：“张水岑，这名字很特别哦，‘影摇绿波水，彩绚丹霞岑！’您父母一定有很深的文学修养吧！而且这名字很符合您的气质啊！”

客户不出声，满面笑容。

房地产销售人员：“张姐，请问您的手机号码是？”

客户：“138××××××××。”

口才训练解读

获得客户的联系方式是售楼过程中非常关键的一环。但是在很多时候，客户并不愿意配合，即便是经过一番软磨硬泡，客户也未必会如实相告。这时候销售人员千万不可轻言放弃，不了了之，这样的处事态度有很大的问题。

其实想问出客户的联系方式并不难，只要找到合适的开口方式就可以了。一般在这个过程中，聪明的房地产销售人员会对客户循循善诱，先对客户说一些与其理想房源有关的话题，让聊天有切合点，然后再热切地说一句“您以后看房子都可以来找我，我叫×××，您怎么称呼呢？留个联系方式吧。”这样客户会更容易接受。

当然，获取客户联系方式的方法还有很多，赞美法就是其中一种。口才训练中的销售人员就是通过赞美客户名字的方式，获得客户的好感和信任，进而为取得客户的联系方式奠定了良好的感情基础。

房地产销售人员获取客户联系方式的一些语言技巧如下：

1. 如果是客户打电话到大厅进行咨询，那么房地产销售人员可以利用来电显示得知其联系方式。

2. 以售楼单位近期举办活动为由进行邀约，为了方便通知参加活动记录一下联系方式。

3. 利用房价市场火热，房产供应等信息进行“敲山震虎”。然后对客户说若有这类户型的时候第一时间联系您，即可获取客户的联系方式。

4. 利用暂时客户多或者忙为理由获取联系方式。

5. 利用对于不了解情况为由，稍后需要征求领导的意见，记录客户的联系方式。

6. 若是对方非常执拗，怎么说都不愿意留下联系方式，那么房地产销售人员可以邀请他来到单位进行现场观看，说电话里很难说清楚，需要见面具体说。必要情况下留下自己的联系方式，比如电话号码或者 QQ、微信等。

口才训练点睛

房地产销售人员在接待客户的时候要有针对性地与其交流，言简意赅，无须赘述。另外，获取客户联系方式的方法有很多种，销售人员可以从不同的角度来实现，继而为后期的跟踪服务打好基础，最后实现业绩的提升。

口才训练 11：介绍楼房，巧留“悬念”

好奇心是“心灵的饥饿”，是人的天性，没有人可以抵挡住好奇心的诱惑。因此，在向客户介绍房源的时候，可以选择恰当的时机插入悬念，这样可以有效地激发客户的好奇心，调动他们了解和购买的欲望，从而达到成交的目的。

口才训练

张杰是某房地产公司有名的销售高手。他在介绍房源的时候，常常运用利益引导法，让客户感觉这个房子有很多便宜可占，因此其购买的兴趣越发浓厚了。

客户："你给我推荐的这个房子有什么优势呢？价格贵不贵呢？"

张杰："你放心，这个房子的性价比非常高，它不仅地理位置优越，而且南北通透，采光条件非常好。最重要的是业主着急出国，为了尽快出手，不得已把房价压得特别低。您如果买的话，不仅可以享受到优惠的房价，而且就连八成新的家具也可以免费赠送。"

客户："真的？那咱们尽快约个时间去看看吧。"

口才训练解读

上述口才训练中这位销售人员在房源介绍时就很有深意。在谈到房源的价格时，他指出业主是因为急于出国才降价的，而且有八成新的家具免费赠送。在这一系列的利益引导下，客户越发对房源感兴趣了。

房地产销售人员在介绍房源时可以采取以下几种方法来设置悬念，激起客户的好奇心理，增强客户的购买欲。

1. 客户参与法

有一个卖袜子的销售人员，他一手拿着锥子，一手拿着一双新袜子，不停地嚷嚷："大家猜猜看，将铁锥穿过袜子后，用力向两边拉，袜子会不会烂？"

他的一席话引来很多人的围观，大家好奇心十足，到底会不会烂呢？每个人都想一探究竟。销售人员看时机成熟，便在人群中找一个人来当场试验一下。试验人按照销售人员的说法，将锥子穿过袜子后用力向两边猛拉，结果袜子竟然完好无损。

经过这场神奇的演示，人们都看到了袜子的质量不错，于是纷纷掏钱购买。

从这个口才训练当中可以看出，销售人员要想给客户制造一个悬念，以此来引发他们的好奇心，不妨让客户参与其中，亲眼见证产品的质量。待客户对产品建立起信心之后，其购买的欲望自然会得到极大增强。这样的方法对于房地产销售人员来说，同样具有很强的借鉴意义。

2. 通过提问引起客户的好奇心

心理学家研究表明：人的注意力是有限的，提问是吸引对方注意力的有效方法。在房地产销售活动中，有些销售人员花费了大量的时间不厌其烦地向客户反复陈述房源的优势和卖点，但是客户的反应却非常平静，泛不起半点涟漪。对此，销售人员不妨改变语言策略，通过提问的方式引起客户的注意、激起客户的好奇心，从而使他们主动了解情况。这样客户从被动接受信息的状态转换成主动探索的状态，其积极性也会跟着被调动起来。

3. 利用求新心理和从众心理来激发客户的购买欲望

众所周知，每个人对于新鲜事物都有探知的欲望，当然也很容易受到别人的影响，趋之若鹜。因此，销售人员不妨利用这两个人性的特点来做文章。

例如，销售人员说："坦白地讲，赵小姐，您关注的这套房子已经有很多人都打电话咨询了。要是您有兴趣的话，就抓紧吧，咱们约个时间我带您看一下。"当她听到"很多人打电话咨询"时，肯定想知道这套房子究竟有什么优势，这么多人都对它感兴趣。基于人们从众的心理，这位客户也会主动地参与进来。

4. 抓住客户的痛点，为其提供部分信息

有一个软件销售人员在推销产品时常常会在一番检测之后对客户说："张先生，我们的工程师前几天对您的系统进行了一系列测试，认为其中存在着严重的问题。”当客户惊讶地反问是什么问题时，销售人员通常会这样回答：“通过研究系统结构，我们发现其中的一台服务器可能会损坏数据。不过好在还有解决的办法。你能不能把有关人员集中起来，以便我们公开展示一下问题出在什么地方，同时解释可供选择的解决方案？”这样他就把产品很好地推销出去了。

作为一名房地产销售人员也可以参考使用这样的方法介绍房源，从而使客户产生了解和购买的欲望。

5. 利益引导法激发客户的兴趣

“天下熙熙，皆为利来……”对一个销售人员而言，激发客户的好奇心，最有力的武器莫过于利益。在客户面前突出利益最大化可促使客户想要获得更多的信息。比如“我给您推荐的这套房子私密性很高，全方位采光，而且性价比很高，您想不想了解一下？”这么一说，客户会忍不住想要了解下去。

口才训练点睛

房地产销售人员在介绍房源的时候，要学会制造悬念，激发客户的好奇心，这样才能更好地引导客户增强了解和购买的欲望。不过销售人员在使用这种方法的时候不可故弄玄虚，以免引得客户反感。

口才训练 12：巧妙回复客户身边人的反对意见

对于初次置业的客户而言，买房基本没有经验，为了避免上当受骗，常常携带自己的亲友团帮忙把关。而在这些把关者中，难免会有和客户意见相左的人。那么对于客户身边人的反对意见，销售人员应该怎么回复呢？

口才训练

客户张大姐是房地产销售人员小李的准客户。一天，她受小李的邀约前来看房，不过到达指定地点的时候，小李发现和张大姐同行的还有一个三四十岁的中年男人。据张大姐介绍，这位中年男人是她的表哥，曾经在房地产行业工作过，所以今天是来帮忙把关的。为了让张大姐和这位“审查官”更好地认可这套房源，小李在带看的过程使出了浑身解数。带看结束后，张大姐对房子很满意，但是这位表哥却对房子颇有微词……

小李：“这位大哥，您能说说这套房子哪里不太令人满意吗？”

表哥：“这套房看起来没什么特别的，户型设计也有一些明显的瑕疵，地理位置也有点儿偏，可是价格却一点儿也不便宜。我曾经也做过几年的房地产销售人员，这行的水深水浅我自然一清二楚，这房子的价格有水分，我一看就知道。”

小李：“大哥，您的专业水平很高，说得也很在理。的确，这套房子的户型和地理位置并没有多大的优势。我想，张大姐来这里看房也并不是看上了它的户型和地理位置，她之所以开上 1 个多小时的车来这里，主要原因是这附近有优质的教育资源，她的孩子来这边上学可以受到更好的教育，是不是这样的，张大姐？”

张大姐：“哦，没错，我儿子快要上学了，而这里恰好有师资力量十分不错的小学，所以我想来这边看看。”

小李：“大哥，您看，如果您表妹的孩子在这里读书的话就可以得到优质的教育资源，而且小区里有专门的儿童活动中心，这样孩子也有机会接触到很多同龄的小伙伴，大家在一起玩耍、学习非常有利于成长。还有最为重要的一点就是，这房子就在学校附近，孩子上下学也就三五分钟的时间，这样张大姐接送也非常方便。”

表哥：“嗯……”

小李：“张大姐，我想您的孩子每天在这么好的氛围中学习成长，将来长大了一定会有大出息的。当然，凡事有利就有弊，这房子也有一些不足之处，也谢谢大哥您能提出这么中肯的意见。”

张大姐：“没错，是这个理，谢谢表哥。”

小李：“如果觉得可以，那咱们现在就把这套房子定下来吧。”

口才训练解读

买房是一项大宗型的交易，客户在选房、购房时往往会征询行业内的某些人士的意见。作为客户身边的把关者，这些人自然会尽职尽责，“谏言献策”，提出很多反对的意见。而这些反对意见却是房地产销售的一大障碍。

为了克服这些“参谋”人员带来的障碍，甚至将他们发展为自己的同盟军，房地产销售人员可以参考口才训练中小李的做法。一方面对这些反对者“甜言蜜语”，用恰如其分的赞美和恭维获得他们的好感；另一方面要把握客户的主导需求，着重强调房子对于客户的价值和利益，以此来加深客户对房子的认同感。这样无形中给了“参谋”压力，让他们不好反对客户中意的房子。这样的语言技巧有利于消除销售的障碍，提高带看的效率。

除此之外，销售是一项极具挑战性的工作，不管客户身边的反对者提出什么评价，都不可以与之争辩，最理智的做法就是收起自己的锋芒，有礼有节地与之周旋。一般来说，“糖衣＋炮弹”是解决此类销售难题的有效策略。

具体来说，“糖衣”指的是向反对者说一些赞美和恭维的话，以此来激发其内心的优越感，进而赢得他们的好感与支持。这样的说辞可以使房地产销售人员与之建立起良好的关系。举例如下：

“李姐，您年纪轻轻就创办了自己的公司真是令人羡慕啊！同样作为一个女人，我真的是自愧不如！以后我也应该多多向您学习！”

“王大哥，您是做装修生意的啊？我有个客户最近买了新房正打算装修，一直托我给他找一个可以放心的装修公司，您看什么时候方便一起吃个饭？”

如果把“糖衣”看作是一个甜枣的话，那么“炮弹”就好像一个温柔的巴掌，具体是指用委婉的话语暗自给反对者施压。毕竟买房的真正决策者和受益者是客户，如果房子对客户具有相当大的利益和价值，或者可以获得客户很高的认可度的话，那么即使反对者的意见再怎么合理，也会顾及客户的这种利益与感受。所以房地产销售人员要抓住这一点，着力强调房子对于客户的利益和价值。具体语言技巧示范如下：

“李先生，王大哥如果在这里安家，以后的生活就相当方便了，这个小区内配套设施齐全，室内活动室、儿童游乐区、篮球场等一应俱全，您在闲暇之余散散步、打打球，既能锻炼身体，又能呼吸到新鲜空气，多好啊！”

“张姐，您不知道，前段时间赵姐看到这房子有多喜欢，里面设计的格局简直跟她理想中的一模一样，您过来看看！”

类似这样的言辞既树立了客户购买的信心，又在无形中给客户身边的反对者制造了一定的压力，正可谓一举两得。

口才训练点睛

房地产销售人员如果在带看的过程中遇到一些来自客户身边的参谋者的阻力，不妨采用“糖衣＋炮弹”式的策略来化解。这样的做法既不会得罪客户，又可以加快销售的进程。

口才训练13：站在对方的立场做楼房介绍

房地产销售人员在向客户介绍房子或者户型的时候，大多是有礼貌、有亲和力的，这样的方式往往会获得不错的效果。但若是能在此基础上尝试着站在客户的立场做房产介绍，那效果必定更佳。

口才训练一

房地产销售人员："先生，您好，请问您想选择什么样的户型啊？"

客户："我想选一套两室一厅，室内可以摆下婴儿床的房子。"

房地产销售人员："那您看看这套户型，它是两室一厅中面积最大的。我感觉咱家里有个小孩，您这不能光放个婴儿床，过两年孩子长大了也需要空间玩耍。如果您感觉地方大，那可以分出来一间当储物间，反正有空地屋里也宽敞。"

客户："你说的也在理，但是这个面积有点儿大啊，恐怕……"

房地产销售人员："有什么问题您但说无妨，买一套喜欢的房子比啥都强，遇到啥事情直接说，我会尽力帮您，帮不了的我再想办法。"

客户："这个面积大出不少，我怕钱不够啊。"

房地产销售人员："这套房子在您之前好多人都特别感兴趣，您可得抓点紧啊。我回头帮您问问价钱情况。"

客户："好嘞，小伙子，谢谢你。"

口才训练二

房地产销售人员："先生，您好，我是这里的房地产销售人员，请问您需要什么帮助？"

客户："你好，帮我选一个双卧室都向阳的小户型房子。"

房地产销售人员："先生，稍等，马上帮您选好。您看看这个户型怎么样？"

客户："我家里有老人，60 岁了，最好是住在阳光能照进去的房子里。"

房地产销售人员："先生，您看看这个户型，卧室不但采光条件好，而且现在楼层也很低，老人晨练、遛弯都方便。"

客户："嗯，是啊，那好，咱们去看看房子吧。"

口才训练解读

房地产销售人员在招待来选房的客户时，可以站在客户的角度去思考问题。这样的方式称为换位思考。站在客户的角度想问题，可以切实理解客户的难处，也更容易让客户理解销售人员的困难，有利于加强两者之间的信任。房地产销售人员卖得开心，客户买得舒心。

口才训练一和口才训练二中的房地产销售人员都是利用换位思考的方式赢得了客户的好感，顺利推进了销售的进程。具体来讲，口才训练一站在客户的立场想——孩子长大还可以玩耍，总不能一直待在婴儿床里面，从而将一套大户型的房子推销出去。口才训练二考虑老人的起居不便，住在较高的楼层，因此将一个层数低、满足客户条件的房子推销出去。

房地产销售人员站在客户的立场上销售房子的时候，应该注意以下语言技巧：

1. 通过语言交流、观察等切实了解客户的情况，不可冒失地给客户推荐户型。

2. 即便站在客户的角度，也要时刻谨记自己是一名销售人员，自己也要按照公司的规章制度办事，不能头脑一热做出对公司不利的事情。

3. 客户面露难色的时候，要有打持久战的心理准备，不能立马提出降价，即便当前的楼盘价格还没有达到公司设置的价格下限。

口才训练点睛

美国汽车大王曾经说过这样一句话："成功是没有秘诀的，如果非要说有的话，那就是时刻站在对方的立场上。"站在客户的立场上，多为客户着想，这不仅仅有益于销售人员和客户顺利沟通，最重要的你的楼盘介绍可以直击客户的"要害点"，从而增加推销成功的概率。

口才训练 14：带看时，买卖双方偷偷递纸条怎么办

佣金虽然相较于房价而言微不足道，但是它毕竟也是一笔可观的费用。很多客户为了节省这笔佣金，在看房过程中，偷偷向业主递纸条。这种违背诚信的行为无疑会严重损害销售人员和其所在公司的利益，因此绝不能姑息。但是这类问题处理起来较为棘手，如果当场戳穿，买卖双方脸上都挂不住，成交更成为一种奢望。但是如果不作为，那么自己前期的努力就会付诸东流。究竟该怎么办呢？其实制止过程也不是那么难，只要顾及双方的面子，软硬兼施，先用公司规定阻止这个行为，并且收回纸条，继而适当展示自己的辛苦度，这样就可以恰到好处地捍卫你的劳动成果了。

古语云：杜渐防萌，慎之在始。做任何事情都要懂得防微杜渐的道理，在坏的苗头还未发生之时及时防止总比发生了再去补救要好得多。假如房地产销售人员在带看之前就告诉业主买家是自己的朋友，或者告诉买家业主是自己的亲戚，那么双方之间传递纸条的概率就会极大降低。

不过，凡事都有万一。有的时候即便是预防工作做好了，还是会有人在此期间投机取巧，试图绕过中介公司私下成交。对此，销售人员只有打起十二分精神，眼观六路、耳听八方，把防范工作做到极致，把双方接触的每一个细节都尽收眼底，这样才能有效终止这个跳单行为。

口才训练一

（事前防范。）

房地产销售人员（对客户）：“萧大哥，等会咱们要见的这个业主是我邻居的表妹，她人很好，我们之前接触过，非常讲信用。”

房地产销售人员（对业主）：“李大姐，等会来看房子的那位客户是我好朋友的一个同学，他为人很仗义、豪爽，你见了也一定会喜欢他的。对了，看房的时候最好不要有太多家人在场，要不然会影响他对您房子的整体感觉效果，这样不利于成交。”

口才训练二

（事情发生后巧妙制止。）

房地产销售人员：“李先生，您或许还不太清楚，在正式签约前，您二位暂时还不能成为好朋友，因为买卖双方禁止在签约前互留电话是公司的硬性规定。只要一成交，以您二位热情豪爽的性格我相信一定能成为无话不谈的好朋友。李先生，您能把手中的东西先让我保管吗？”

客户：“好吧。”

房地产销售人员：“李先生，刚才实在不好意思，我知道您没有恶意，但这是公司的规定我得遵守，请您谅解。您也知道，我们做中介的也很不容易，到处找房子、陪客户看房子，就是为了这一点儿佣金，还希望您能理解。您是我的客户，我一定会好好跟业主争取一下，给您一个优惠的价格谈成这套房子。”

口才训练三

（事后控制。）

房地产销售人员（对客户）：“李大哥，等会儿咱们一起走吧，关于今天看房的情况我还想跟您聊几句。”

房地产销售人员（对业主）：“赵大哥，那我们先走了，李先生会回去考虑一下的。有什么情况我会随时联系您，谢谢您今天抽空来开门。”

口才训练解读

在带看的过程中，销售人员一定要事先给买卖双方打好预防针，否则二人一旦私下成交那你的佣金就泡汤了。不过在提醒的时候销售人员一定要委婉一些，否则他们会误认为你质疑他们的人品，进而产生不必要的负面情绪。

另外，当销售人员发现双方有私留联系方式的行为一定要及时制止，但是话也不能说得过于直白，一定要给他们一个台阶下，否则他们会勃然大怒也不利于成交。当然，事后还可以向其表示一下歉意，以激发他的愧疚心，并且打消其跳单的念头。

口才训练点睛

带客户看房是一个很关键的环节。在此环节中，业主和客户第一次有了接触的机会，销售人员若是一个不小心就有可能让买卖双方钻了空子，竹篮打水一场空。为了避免这种情况的发生，销售人员一定要在事前、事后做好预防工作。如果万一碰到私递纸条的行为，销售人员也不可怒夺纸条，或者装作没看见，更不要觉得这种行为无关紧要，正确的做法是用委婉的口吻没收纸条，这样才能彻底掐断二人跳单的可能。

第四章　言辞诚恳，跟进客户加快交易步伐

房地产销售不是一蹴而就的事儿，销售人员要做好持久战的心理准备。据相关的调查结果显示，能在第一次接触中就达成交易的比例只占 5%，而 80% 的客户是在跟进中达成的。由此可见，跟进在推销活动中占很大的分量。那么，房地产销售人员应该如何使用一定的语言技巧跟进客户，加快交易的步伐呢？这就是本章重点阐述的内容。

口才训练 1：选择恰当的时间和客户通电话

房地产销售人员在和客户看完楼房之后，需要一段时间的跟进，然后再邀约面谈楼房的相关事宜。不过很多时候客户有比较中意的户型，而有些房地产销售新人却掌握不好打电话跟进的时间，进而导致洽谈事宜告吹，这样的例子不胜枚举。其实，面对跟进客户，房地产销售人员只要稍微掌握一点语言技巧，平时留心观察，这个问题很容易迎刃而解。

口才训练

下午 3 点钟，房地产销售人员拨通了客户家里的电话，打算对其跟进洽谈。

房地产销售人员：“张大哥，经过上次的带看，您对那套房子已经有了一个大概的了解。不知道您什么时候有时间，咱们再出来聊聊。”

客户儿子：“我爸爸现在不在家，你等他回来再说。”

房地产销售人员：“哦，好的。那请问他一般什么时间在家？”

客户儿子：“早上 8 点前后以及晚上 6 点前后就不要打电话了，他在这两个时间段会出去买菜或者锻炼，你联系不上的。”

房地产销售人员：“嗯，明白了，那您父亲平时有睡午觉的习惯吗？”

业主：“哦，有的，一般中午会睡 1 个多小时，那个时候你也不要打扰他。”

房地产销售人员：“哦，明白了，谢谢你啊！”

口才训练解读

房地产销售人员跟进客户，邀约看房或者面谈相关事宜的时候，必须着重考虑一下时间因素，因为每个人的作息规律不同。口才训练中的这位销售人员就很聪明，一般中午正是人们午休的时间，所以他选择了下午 3 点拨打电话。此时正好赶上客户不在家，但他并没有就此放弃，而是紧抓机会，打听客户的日常作息习惯。待其掌握了这些信息之后，便可在合适恰当的时间对客户进行电话跟进。

一般来说，人在下班后，都不会工作，可以利用这个时间在电话中跟进客户。若是收到了客户的警示语，例如，“昨晚加班”“最近特别疲劳”等情况应当适当地推迟，没必要赶鸭子上架。另外，销售人员也要根据客户的职业和生活特点来决定跟进的时间，具体如下。

医生：这是一个繁忙的职业，他们几乎全天都处在忙碌的状态，有的时候中午都没有时间休息，所以电话跟进应该选择在下班之后。

白领：这类人的生活节奏比较快，上班时间较紧，所以最好不要在上班时间打扰他们。电话跟进选择在中午饭后至上班前的时间及下午下班后都较适宜。

公司领导：处在领导岗位上的他们一般晚上应酬最多，所以跟进的时间选择在上班时间反而更适合。

律师：这也是一个忙碌的群体，上班时间没有闲暇谈论工作以外的事情，而且中午也有午休的习惯，所以电话跟进最好选择在下午下班后。

公务员：这是一个不分时间的职业，电话跟进可以选择在上班时间，也可以选择在下班时间，但午休不可以打扰。

客服人员：这类人一天三班倒，上班时间很忙，所以跟进要选择在其下班的时间段。

工人：上班紧张，适合下班后联络。

口才训练点睛

电话跟进客户要选择合适的时间段，否则会影响跟进的效果。一般来说，电话跟进的时间需要根据客户的职业以及作息习惯具体而定。当然，除此之外还要观察客户情绪以及近期的行程安排。如果忽略了这些客观因素冒冒失失地做电话跟进，一定会影响到双方的交流效果。

口才训练 2：跟进客户可以从哪些话题入手

房产成交不是一蹴而就的，很多时候需要销售人员锲而不舍地跟进才能为成交创造可能。据调查显示，80% 的签单是在跟进后达成的。那么，销售人员在接触过一次客户之后，应该如何展开跟进工作呢？跟进的时候又该聊些什么呢？

口才训练一

房地产销售人员：“王大哥，您好，我是 ×× 房地产公司的销售人员小李，您现在有时间接电话吗？”

客户：“哦，小李啊，打电话有事情吗？”

房地产销售人员：“是这样，上次您很想看看房，结果业主有事没在家。今天业主告诉我们他已经回来了，您看什么时候带上太太一起来看看？”

客户：“哦，知道了。”

房地产销售人员：“上次您说您喜欢房子有一个超大的阳台，非常巧的是，这个业主和您志趣相投，他们家的阳台设计非常符合您的要求。我大致了解了一下，那阳台可以说是一个独立的花鸟房，里面摆满了植物，放几个吊椅，您可以一边沐浴阳光，一边读书品茶，很是悠闲惬意呢！另外，他们家阳台上还放着一个大大的书柜，里面收藏了很多的书，我想这一定是您理想当中的样子，对吧？”

客户：“真的吗？那咱们今天下午看看去。”

房地产销售人员：“好的，王大哥，如果可以的话带您太太一起来吧，上次听您说您太太也是一个文学爱好者，正好也让她体验一下环境。”

客户：“好的，没问题，那咱们下午3点见。”

房地产销售人员：“好的，那我在公司等您，再见。”

口才训练二

房地产销售人员：“张太太，上次您提到想找一个不错的中医调理一下您的身体，不知道找到了吗？”

客户：“还没有呢，怎么，你有好的建议。”

房地产销售人员：“呵呵，我看您特别重视这个事，就打电话问了一遍身边的亲戚朋友，他们还真给我推荐了一个不错的老中医，并且那个中医是我姑姑的一个邻居。听说他资历很深，积累了不少的临床经验，有时间我帮您引荐一下吧。”

客户：“真的吗？那明天咱们见一见吧，要是能把我的身体调理好，真是感激不尽。”

房地产销售人员：“行，没问题，我跟那位中医提前打个招呼。对了，张太太，上次您回去后跟家里人商量了吗？那套房子还符合您的心意吗？”

客户：“哦，我老公说二手房不太靠谱，时间久了电线老化，担心有安全隐患。”

房地产销售人员："哦，原来是这样，您老公的想法我很能理解。这样吧，您什么时候方便可以带老公一起来，我带您去见几位同小区的资深业主，他们在这里已经住了很多年了，关于房子的优劣他们最有资格说话了，您看怎样？"

客户："这个主意不错，那咱们约个时间。"

口才训练三

房地产销售人员："赵小姐，上次您觉得不错的那套901房间可以考虑了，原来的那个客户因为家里出了点急事所以资金短缺，放弃了买房的打算。您看什么时候方便来看看这套两室一厅？"

客户："就是那个××小区901房间吗？"

房地产销售人员："是的，就是在××商城附近的那个小区，离××附小也特别近的那套房。"

客户："哦，知道了，明天上午吧。"

房地产销售人员："赵小姐，您如果今天没事的话就过来吧。那套房子整体性价比都挺高的，所以很多客户都想看房，他们好几个人已经约好今天下午一起看房呢，我担心您迟到半天再一次和这套房子失之交臂。"

客户："哦，行，那我现在就过去找你。"

口才训练解读

俗话说："名不正，则言不顺；言不顺，则事不成……"在中国人的传统观念中，孔子的正名思想已经根深蒂固。那么，如何名正言顺地让客户乐于接听你这个跟进电话呢？这就需要选择好跟进的话题，这样才能降低客户的戒备和排斥心理。

上述口才训练中的三个销售人员就很聪明，他们分别从遗留问题入手、从帮助客户入手、从最新信息入手，成功赢得面谈的机会，也使得签单成为可能。

房地产销售人员在跟进客户的过程中切勿犯以下2个错误。

第一个，急功近利，催促客户购买

有些销售新人最沉不住气，常常逼问客户“您已经考虑了这么久，可以决定买了吗？”本来他们内心就有一定的顾虑，倘若你不解除他们的隐忧，只是一味地催促客户洽谈购房事宜，那么一定会把客户越推越远。

第二个，告诉客户房子滞销的信息

只有营造房源的紧迫感，客户才在惜失心理的作用下加快购买的步伐。倘若你告诉客户房子还多着呢，给其留下一个房子滞销的错误印象，那么，他一定会想东想西、裹足不前，最后你的跟进也不会有什么好的效果。

房地产销售人员在跟进客户时可以从以下3个话题中入手。

1. 遗留问题

第一次面谈失败，客户肯定会有这样或者那样的异议，销售人员若是能找到解决问题的办法，将这些遗留问题解决掉，那么签单自然水到渠成。

比如：“李姐，上一次您问我的那个房子结构的问题我已经给您打听清楚了，它承重的主要结构是用钢筋混凝土建造，包括薄壳结构、大模板现浇结构及使用滑升模板等先进工艺施工的钢筋混凝土建造的……”

“谢大哥，您上次不是想到施工公司看看去吗？为了让您对新房有一个较为全面的认识，我特意跟领导申请了一下，同意了。您看什么时候过来，我带您去参观一下？”

“王先生，上次您不是担心房子买下来却拿不到附小的入学名额吗？我特意跟那个学校的校长打听了一下，具体的入学流程我想跟您见面聊一下。”

2. 帮助客户的话题

销售人员可以从客户的角度出发，为其提供一些力所能及的帮助，这样他们就不会拒人于千里之外了。比如，“大哥，您上次说您爱人生病了，现在她好点了吗？如果不行的话，我帮您介绍一个在行的医生吧，他主治……”

3. 最新信息

为客户传递最新信息是跟进客户最自然、最合理的一个理由。比如，楼盘最新的促销、打折、优惠信息，客户一定会非常乐意听到，与此同时，他们也会在利益的引导下再次激发购房的热情。

比如，“王太太，我们现在推出了一项促销活动，购房者只需交付 1 000 元现金并办理会员，在享受开盘优惠基础上，每平方米可再减去 100 元。您看今天还是明天方便过来看看呢？”

口才训练点睛

跟进客户需要讲究一定的方式方法。好的切入话题不仅不会让客户反感，反而会激发他们更大的购买热情。一般来讲，遗留问题、帮助客户、最新信息是三个很好的话题切入点，销售人员在跟进的时候不妨一试。

口才训练 3：对比其他，说明楼房的价值

在《超级演说家》的舞台上，陈州说了这样一句暖心的话：“不要总在意自己的鞋子不够漂亮，世界上还有没有脚的人。”的确，在生活中人们总有“一叶障目”迷失心智的时候，不过通过对比，我们却能幡然醒悟。脚上穿的鞋子是不够漂亮、不够奢华，但是和没有脚的人对比呢，不知道要幸福多少倍！有些事物的价值总是需要通过对比才能更好地凸显出来。

口才训练

客户：“现在的房价一路狂飙，疯狂暴涨，我现在以1 000万元的价格买下来，您说以后会不会再降价呢？”（购买信号。）

房地产销售人员：“您是担心房价暴涨的背后隐藏着危机，将来房价跌下来之后，房子就贬值了，是不是？”

客户：“没错。”

房地产销售人员：“您认为我们小区的环境和房子与××楼盘相比，哪个更中意一些？”

客户：“当然是你们这里，要不然我早去××楼盘买房子去了。”

房地产销售人员：“是啊，咱们这个小区距离市中心仅仅需要20分钟的车程，而且本市最好的医院也在这附近。这样优越的条件，我们的价格却只比××楼盘每平方米高出300元。”

房地产销售人员：“咱们这个小区的房子开盘时价格还是每平方米56 000元，最近成交价已经达到了62 700元。由此可见，咱们小区的房子很抢手呢。”

客户：“国家现在出台了很多调控政策，万一以后房价有所下跌，那我岂不是亏了？”

房地产销售人员：“也许将来的房价可能会受政策的影响，有所下降，但是咱们这儿不是普通的地段，它是靠近市中心的发达商业带，是今后城市规划建设的重点。您见多识广，一定知道国家正在大力推行××的经济政策，我想在不久的将来一大批名企会在这一带落户。所以说，未来这个楼盘的发展潜力是非常大的。您认为呢？”

客户：“是啊，这也是我选择在这里安家的原因之一。”

房地产销售人员："呵呵，所以，您一定要坚信自己的选择。您是打算一次性付款还是贷款呢？"

客户："分期付款吧，一次性拿不出那么多钱来。"

口才训练解读

买房子是一笔大宗型的交易，所以对客户来说非常谨慎。为了使客户从犹豫徘徊之中走出来，也为了加速双方交易的步伐，房地产销售人员不妨通过对比的方法，让客户认识到房屋的价值，从而坚定其购买的信心。

上述口才训练中的销售人员就是采用与其他楼盘项目做横向对比，以及该小区 1 ～ 2 月份房价的纵向对比来分别说明该房源地理位置优越、生活条件成熟、性价比高、发展空间大等种种优势。当然，房源的优势也就是其本身的价值。当客户通过纵向和横向的对比，认识到房源的价值之后，自然也就会加快其购买的步伐。

房地产销售人员在使用对比促成法的时候，可以横向对比，也可以纵向对比。房源不同时期之间的纵向对比，突出的是即刻购买的优势；不同房源之间的横向对比，突出的是购买本房源的优势。不过，不管销售人员采用哪种对比方式，都要遵守实事求是的原则。为客户提供的对比内容要详细、具体、真实可信，否则难以取信于客户。

此外，要想让对比促成法发挥最大的作用，以下两个语言的禁区绝对不可以触碰。

第一，在进行横向对比时，房地产销售人员选择对客户吸引力较大的楼盘。

比如，房地产销售人员："这个小区楼房的价格每平方米比 ×× 雅苑小区还要便宜 300 元呢。"

客户："真的吗？你说的 ×× 雅苑就是靠近火车站的那个小区吗？我以

为那里交通环境那么好，价格会很贵呢，原来只比这儿多了300元啊，看来我得去那边了解了解。”

上述销售人员列举的这个对比物就非常不合适，选择性价比更高的房源来说服客户，犹如肉包子打狗有去无回。客户出于自身利益的考虑，会把注意力转移到条件更好的房源上。

第二，在进行纵横对比时，说话闪烁其词，支支吾吾。

房地产销售人员在使用对比法凸显楼房价值的时候，一定要自信满满，底气十足。尤其是当客户被引到了成交的最边缘时，如果房地产销售人员能够用平稳有力的语调向客户传递信心和勇气，那么他们很容易被这种语气和情绪所感染，从而果断、快速地做出购买决定。

例如：“王大哥，请您相信自己，您这个决定一定不会错。”

“李先生，您放心，把家安在这里，绝对是一项非常正确的选择。”

“张先生，这个家宽敞明亮，舒适温馨，您的妻子和孩子一定会非常喜欢的！”

这样的语气，这样的言辞才更容易获得客户的信赖。假如你支支吾吾地说：“呃……我们的价格要低一些，好像每平方米都要便宜一两百元。”这样毫无底气的话很难取信于人，更加无法说服客户坚定购买的决心。

口才训练点睛

房地产销售人员要想加快交易的步伐，提高销售的效率，不妨采用纵横对比的方式凸显房源的优势，加强客户的购买信心。而在使用纵横对比法的时候，销售人员需要坚持实事求是的原则，采取合适的对比对象，底气十足地向客户传递房源的优势，否则会影响到对比推销的效果。

口才训练 4：电话追踪，及时解决客户的异议

在销售的任何阶段，客户都有可能对产品的任何方面提出异议。房地产销售人员一定要时刻做好心理准备，对客户的异议加以重视。必要时还需拿起电话及时追踪，耐心解决客户的异议，这样才能给成交创造一个可能的机会，当然也有利于加快成交的速度。

口才训练

房地产销售人员：“您好，王姐，我是 ×× 房地产公司的小李，咱们昨天聊过的。”

客户：“哦，小李啊，你别给我打电话了，那房子太贵了，我买不起。”

房地产销售人员：“王姐，您也知道那套房子所处的位置非常好，出行方便，四通八达，生活便利，而且最为关键的是，那里已经纳入政府的规划范围，房屋的周边发展潜力也很大，150 万元已经比同等条件的房源价格低了很多，所以我认为‘价格贵’不是您拒绝购买的真正原因。您是不是对那套房子还存在一些不满意的地方呢？”

客户：“那个房子的楼层太高了，我上来下去很麻烦。”

房地产销售人员：“凡事有利也有弊，虽然说楼层高上下楼不方便，但是每栋楼都有电梯，坐电梯上下楼也就一两分钟的事，耽误不了您多长时间。反过来说，高楼层的房屋光照充足，视野广阔，光线和视线都不易被遮挡。而且住在高层的住户不用担心受汽车噪声和尾气的影响。”

客户：“听你这么一分析，高层楼房其实也没有那么不好。”

口才训练解读

在房地产销售中，客户提出的异议有很多。有些是真实的，有些是虚假的。销售人员在电话追踪的时候一定要先探明客户异议的真假，然后再调整好相应的语言策略。在上述口才训练中，销售人员首先通过询问，找到了客户真正的顾虑——楼层高；其次，销售人员从客户的顾虑开始着手，分析了楼层高的种种优势，有效化解了客户的顾虑。当然，在这中间他使用了一个先贬后褒的语言技巧，起到了淡化劣势、强化优势的作用。

在销售的过程中，解决客户的异议是难点，也是关键点。如果通过电话追踪能够把客户的异议全部清除，那么成交就会水到渠成了。如何才能有效地排除客户的异议呢？下面常见的4种方法可供大家参考和学习。

1. 以提问法探明客户异议的真假

对于销售人员来说，要想从根源上消除客户的异议，那就得首先了解和掌握客户产生异议的真实原因。而想要探明其中的缘由，就得以提问的形式了解客户内心真实的想法。待了解了客户隐藏在内心的真实想法之后，销售人员才能对症下药，制定出针对性地化解策略。

2. 用补偿法消除客户的异议

任何一个房源不可能在价格、地段、面积、户型等诸多方面，都比其他竞争者的房源有绝对的优势，因此客户对房源提出的异议，销售人员应该表示理解，千万不可一味去反驳客户的观点和看法，否则会造成客户的反感。

一般来讲，理智的房地产销售人员会先承认房源的缺点，然后淡化处理，利用房源的优点来补偿甚至抵消这些缺点。这样有利于使客户的心理达到一定程度的平衡，从而做出购买决策。

例如："我们这个楼盘地段有一点偏，正是因为远离了市区繁华俗世的喧嚣，才会有这么郁郁葱葱的森林公园为伴，才会有这么绝美的景致可供欣赏；

以您的实力，在市区买房是完全不成问题的，但是只有在这里，才有宁静、才有清幽，才能与家人一起享受宁静清幽、悠闲自得的惬意生活，您说是不是？”

销售人员通过运用补偿法使客户认识到房源虽然有地段偏远的劣势，但是也有风景秀丽的居住优势，总体来说还是比较划算的，这样客户就不会再纠结地段偏远的问题。所以补偿法是打消客户疑虑，化解客户异议的良方。

3. 采用转折法加以化解引导

所谓转折法是指销售人员根据有关事实与理由，间接否定客户异议的一种处理方法。具体的沟通模式是“是的，不过……”或“是的，但是……”这样的表达方式既承认了客户的观点，保全了客户的自尊，又提出了不同的意见，轻松化解了客户的疑虑。

例如，客户：“我不想要临街的房子，担心住进去会受噪声的影响。”

销售人员：“您的顾虑很正常，好多人都和您有一样的想法。不过这个房子虽然临街，但是墙体厚，双层玻璃，隔音效果非常好，您住在里面一点都不会受影响，不信您可以试试。”

这位销售人员的转折法就用得很好。他用委婉、诚恳的说法给客户留了“面子”，同时也轻松地消除了客户的疑虑。

4. 采用“太极法”处理客户的异议

所谓的太极法就是指在与客户的销售博弈中，利用太极拳的借力生力原理，使客户的异议变成购买的理由，这种方法被称为“太极法”。具体来说就是将客户的反对意见直接转换成他必须购买的理由。

例如，客户：“你们这里的物业管理费太高了，为什么不把钱省下来，作为房屋的折扣？”

销售人员：“就是因为我们小区的物业管理服务质量高，所以才会吸引很多客户前来买房啊！”

口才训练点睛

客户的异议有真有假，因此销售人员在电话追踪的时候一定要先判断客户异议的真伪，然后再做进一步打算。一般来说，化解客户异议的方法有提问法、补偿法、转折法、太极法四种。为了打破销售的障碍，提高销售的效率，房地产销售人员一定要对这四种方法灵活掌握，并且能够熟练运用。

口才训练 5：客户总说没时间，如何使他顺从你的时间安排

在带看之后，房地产销售人员总会对很多的客户进行电话跟进，有些客户会积极地配合协商，而有些则找各种各样的理由来搪塞和推脱，这样的客户总是让邀约的房地产销售人员非常头疼。那么，面对这样的客户，销售人员应该怎么办呢？

口才训练

房地产销售人员：“请问是赵先生吗？我是 ×× 售楼处的销售人员小刘。”

客户：“哦，小刘，你好。请问你给我打电话有什么事情吗？”

客户销售人员：“赵先生，您好，是这样的，上次您在这边看好了一个小户型的房子，您有时间过来咱们当面详细聊一下吗？”

客户：“抱歉啊，最近我很忙啊，以后再说吧。”

房地产销售人员：“是这样的，您看中的那套房源业主一放盘，就有很多客户感兴趣。因为那套房子的户型格局非常好，而且业主资金周转困难，着急用钱，价格比市场价低了不少。所以，很多客户购买的欲望很强烈，这不今

天下午我的一个同事就约了七八个客户一起看房去了。而且，这套房源不是我们独家委托，其他中介也在宣传出售，像这么好的房源，大家肯定都是做重点推荐的。如果您再没时间考虑，恐怕会被别的客户先买下了。

而且就算它没有被别人买走，但看房的人那么多，难保业主不会有涨价的想法。我知道您很忙，但是我希望您今天能抽个时间出来咱们再谈一谈，毕竟性价比这么高的房子已经不多见了。您要是不抓紧，错过了要想再想遇到合适的那就不容易了。”

客户：“那好吧，那我明天抽个空咱们坐下来好好谈谈。”

房地产销售人员：“那请问您明天上午有时间呢，还是下午有时间呢？”

客户：“上午吧！”

房地产销售人员：“那我们定在上午10点，您看好吗？”

客户：“可以。”

口才训练解读

一般带看之后，很多客户都拖拖拉拉，不愿意即刻购买。他们中的大多数还是想再比较比较，斟酌斟酌，争取实现自身利益的最大化。当客户以忙为由影响跟进的效果时，房地产销售人员应讲明房源抢手的情况，这样可以大大激发客户的危机感，从而使其积极地配合销售人员进行相关的商谈事宜。

另外，在凸显房源稀缺性的过程中，房地产销售人员一定要注意表达的语气和方式。倘若你所表达的语言苍白无力，没有事实依据，只会让客户误认为你是在故弄玄虚，从而产生不信任的心理。

在房地产销售人员跟进客户的时候，还有很多的技巧可循。例如，注重房源洽谈事宜的人、时、地、事。一般来说，跟进客户需要选择合适的时间，而且洽谈的地点也极为讲究，房地产销售人员可以选在售楼单位，也可以在条件允许的情况下选在客户家附近，当然还可以选在二者之间。

此外，房地产销售人员在跟进客户的时候，也要将房子的卖点和优势阐述清楚，加深客户购买的兴趣，并且借此打消客户犹豫不决、一拖再拖的心理。

口才训练点睛

很多客户在带看之后总是以没时间为由敷衍塞责，拒绝下一步的洽谈。这样很影响销售的效率。对此，房地产销售人员需要利用第三方来烘托房源的人气，唤起客户的危机意识，这样能加快销售的进程，缩短成交的周期。

口才训练 6：顾客嫌房价太贵

房价一直是买房客户关心的核心问题。房价高了，他们会观望；房价低了，他们会回去同其他的房源进行比较。在实际生活中，房价的高低受很多因素的影响。当客户提出“这个房子太贵了”的时候，作为房地产销售人员的你就要给出一个合适的回答。

口才训练

房地产销售人员：“李先生，您好，那套房子您也看了很多次了，相信您也很喜欢它。”

客户：“这套房子各方面也还好，就是价格有点贵，您要是能给我打个九折，我现在就交定金。”

房地产销售人员：“李先生，这个地理位置的房子卖100万元真不算贵了。咱不说别的，就说小区所处的这个位置，离市中心只有10分钟的车程，将来周边地区的发展肯定会很大。而且这个房子坐北朝南，通风条件和采光条件都非常好，一进门就觉得敞亮、通透，一点都不潮湿，这样的居住环境您和您的家人住也很放心。另外，小区对面就是幼儿园，200 米处就是小学，这样接送孩子也是顺手的事儿，况且早上起码可以比别人多睡半个小时。最重要的是，小区内的设施齐全，除了大人常用的健身器材之外，还有专为孩子们设立的滑梯、秋千等，孩子们一定会爱上户外活动、乐意跟小伙伴们一起玩耍的。这样您也不用整天累兮兮地看守孩子，是不是？”

口才训练解读

客户在多次看房之后，倘若对于房子没什么大的意见，那多半是卡在了房价上面。由于房地产销售中的小折扣在实际交易中动辄也是数万元的现金，所以客户会尽力压低房价，来减少自己的开支。

对于客户的价格异议，房地产销售人员要做的就是在保证公司利益不受损的前提下适当地让步，从而实现双赢。例如奖励小礼品，让客户参与抽奖活动等。总之，就是要客户尝到一定的甜头，来弥补楼价的缺憾。

不过对于客户的价格异议，不管房价能否让步，销售人员切不可“以硬碰硬”的方式回绝。比如，“公司规定，爱莫能助。”这样没有一分一毫转圜余地的拒绝很容易伤害客情关系。当然，即便是要拒绝，房地产销售人员也要注意自己说话的语气和方式，否则很容易挫伤客户的购买积极性。

面对客户的价格异议，优秀的房地产销售人员通常会动之以情、晓之以理，让客户全面地认识到房源的诸多价值，证明其价格的合理性，这样客户就会觉得房子的确是值这个价或者物超所值。反之，如果销售人员单纯地与他们争论价格，最后一定会使自己陷入被动的局面。比如，“这房子贵吗？原来的价格比现在更高呢！”“现在哪有不贵的房子呀？”这样的话缺乏一定说服力，而且很有可能会激怒客户，最终给销售造成新的困难。

口才训练点睛

很多客户都会抱怨价格过高。因为每个人都希望能够购买到物有所值甚至是物超所值的商品。当客户嫌房价太高时，房地产销售人员可以用适当让步的方式消除客户的顾虑，也可以用房源的种种“好”来打消客户对价格高的排斥心理。总之，不管用哪种方法，销售人员都应该注意自己说话的方式方法，切勿让不当的表达给销售造成新的障碍。

口才训练 7：通过语言让客户感受到你的真诚

《庄子·渔父》中有这样一句话：“真者，精诚之至也，不精不诚，不能动人”。真诚是最好的销售技巧，真诚地说话可以叩开客户的心扉，卸下他们心里的防线，从而加快销售的进程。相反，如果不遵守信用，只言片语之间都掩藏着欺瞒，那么说出来的话自然无法让客户信服。

口才训练

一天，某房地产公司走进来一位中年男人。进店之后，他在房源宣传栏上认真看起来。这时销售人员小李看见了，赶忙上去迎接。

小李：“先生您好，我是这儿的业务员李 ×，请问您需要什么帮助吗？”

客户：“我想过来了解了解二手房，看看有没有合适一点的房子。”

小李：“您是打算买大户型的，还是小户型的？”

客户：“我就是随便看看，还没想好，要不你忙你的吧。”

小李（真诚地微笑）：“没有关系的，先生，为您提供服务是我应尽的责任。请问您是打算买哪种类型的房子？我可以为您做一个针对性的推荐。”

客户：“我现在的家有点小，等把我爸妈从乡下接过来之后就不够住了。”

小李：“您是打算改善一下居住环境，那我建议您选择大户型的房子。”

客户：“嗯，大概得 120 平方米吧。”

小李：“先生，您可以看看这几个房源，有三室一厅的，有三室两厅的，正好您一家三代居住。您看，这房子坐南向北，采光和通风条件都非常好……”

客户：“看起来还可以。不过我想在 ×× 学校附近选一套房子，这样孩子平时上下学也方便一点。”

小李：“哦，那太巧了，我们今天刚好上了一套新房源，正好离那个学校不远，步行也就十几分钟的路程。您过来看一看。这套房源最大的一个优势就是……”（边亲切引路，边耐心介绍。）

客户：“嗯，听起来还不错。”

小李：“这家的业主马上要移民了，所以他着急出售，在价格方面还会更优惠一些呢！……”

客户：“哦，好的，我了解了。谢谢你的耐心介绍，不过今天来只是随便看看，并不着急买，我回去先和家里人合计合计再说吧。”

小李：“您客气了，这是我应该做的。买不买没关系，您先了解了解，再跟家人好好商量商量，毕竟买房子是一件大事，马虎不得。”

后来，这位中年男人笑着留下联系方式，然后离开了。

两天后，小李主动给客户拨通了电话。

小李：“喂，大哥您好，我是 ×× 房产公司的小李，您还记得我吧。”

客户：“哦，记得，记得，就是那天给我介绍楼房的那位热情真诚的小伙子，对吧？我对你印象深着呢！”

小李："谢谢您这么肯定和支持我的工作！我会再接再厉，竭诚为您服务的！大哥，您还记得我那天给您介绍的那个房源吧？刚挂出去没多久，有意向的客户就有五六个，他们今天都跟着看房去了，房源非常抢手。我担心被别人看中了，您就没机会了，所以着急打电话想让您也看看去，不知道您什么时候有时间呢？"

客户："谢谢你提醒我啊，我明天下午有空，你看咱们明天下午3点在××学校门口碰面好吗？"

小李："好的，大哥，那咱们明天见。"

口才训练解读

在这个口才训练中，销售人员的成功之处就在于他始终真诚热情地为客户提供帮助。温暖的笑容、真诚的建议、诚恳的态度感动了客户，以至于在后来跟进的时候，客户还对他印象深刻。当然，也正是因为他的真诚推销拉近了彼此之间的距离，所以在后面的看房邀约中客户毫不犹豫就答应了他的请求。

推销的语言技巧多一份真诚，少一份欺瞒；多一份温度，少一分冷漠。推销活动也会因此而变得顺遂很多。那么，作为一名房地产销售人员，应该如何通过语言传递自己的真诚呢？

1. 运用同理心说一些为客户着想的话

在客户对房源产生异议的时候，销售人员应该真诚地站在客户的角度为客户提出一些建议，这样不仅可以让客户对你的好感度爆棚，而且你的建议被接受的可能性也会很高。当然，你的诚信度在客户的心中也会因此而提升。

另外，客户在提意见的时候，做为销售人员其态度也要真诚，否则即便是对他有利的建议，客户也未必会买账。

2. 真诚地向客户表达谢意

当客户对你的推销工作表示支持和肯定时，一定要真诚地说一声“谢谢！”当然，你的这一声真诚的致谢同样会感染客户，他的内心也会因此而感到非常快乐。而这也正是你与客户拉近心理距离的好机会。等你和客户建立起良好的感情基础，那么后续的跟进工作自然会顺畅很多。

3. 真诚地道歉，求得原谅

在销售中，有时销售人员会因为一些自身工作的失误导致客户产生误解。这时销售人员就要及时跟进，耐心地解释清楚，并且向客户真诚地道歉。只有这样才能获得客户的谅解，也能在客户心中留下一个负责任的印象，让客户更加信服。

此外，销售人员在用真诚的语言向客户传递信息的时候不妨面带微笑。人们常说“微笑是一缕清风，让人神清气爽；微笑是一曲赞歌，让人难以忘怀；微笑是一泓清泉，让人饮之甘甜。”这就是微笑的力量。真诚的语言，善意的微笑相辅相成，便足以打动客户的心，推着他们朝你预想的方向前行。

口才训练点睛

有人说，真诚的眼睛是清澈的，真诚的声音是甜美的；真诚的态度是和缓的，真诚的行为是从容的，真诚的举止是优雅有涵养的。销售人员若是能够以诚恳的态度、善意的微笑、真诚的语言与客户交流，那么双方之间的关系会更和谐，沟通会更顺畅，推销也会更加有效率。

口才训练 8：顾客还在犹豫不决，还想再走走看看

面对跌宕起伏的房地产市场，很多客户总会放慢脚步，一边观望，一边

质疑。其实他们有这样的想法也不难理解。他们之所以想再走走看看，犹豫不决，究其原因主要有以下三种：一是客户可能已经有心仪的房子了，但是由于价格过高，无法谈拢，所以一直想再找个“备胎”；二是客户担心买下这套房子之后，还会出现一个性价比更好的；三是客户在观望市场行情。

不管哪种原因导致客户犹豫徘徊，房地产销售人员都要重视起来。首先了解客户想再走走看看的原因，然后针对原因做相对应的抗拒解除，这样才能有效地扫清成交障碍，提高销售效率。

口才训练

房地产销售人员：“张太太，您对这套房子有什么看法？”

客户：“还可以吧！”

房地产销售人员：“哦，张太太，那您是打算今天交订金呢还是明天交呢？”

客户：“这个还是有点儿早，我还想再走走看看！”

房地产销售人员：“张太太，除非您对这套房子真的没有兴趣，否则不会说还要比较，对吗？”

客户：“那是自然！”

房地产销售人员：“张太太，既然您有兴趣，我想您肯定会认真比较，对吗？”

客户：“嗯！”

房地产销售人员：“恕我冒昧，我想问您一下，您这样说不会是为了摆脱我吧？我的意思是说，再走走看看只是您拒绝我的一个委婉借口！”

客户：“那当然不是啊！”

房地产销售人员："那我想了解一下，除了这套房子，您还对哪套房子有意向？"

客户："哦，是这样的，我前天在××房地产看了一套跟这套差不多的房子，我现在有些犹豫，不知道该怎么选择好呢！"

房地产销售人员："哦！我冒昧地问一下，是哪一套呢，说不定我也知道呢，毕竟我在这方面专业程度高一些，也可以帮着您参谋参谋呢！"

客户："是××小区25楼4单元302。"

房地产销售人员："哦，那里的房子啊，我以前一个邻居的妹妹就在那里住着呢！您觉得那套房子适合您吗？"

客户："那套房子南北通透，通风和采光条件特别好。"

客户："对！的确是这样！同时，不知您有没有注意，那套房子靠近马路，路上车来车往，非常嘈杂，我担心噪声和灰尘会影响到您的生活质量。此外，那里距离学校较远，如果您以后住那里，孩子上学也很不方便呀！"

客户："你分析得有道理。"

房地产销售人员："那既然这样，也就没有什么好比较的了，您说对吧？"

客户经过大概15分钟的沉默之后，最终答应了销售人员成交的请求。

口才训练解读

上述口才训练中的客户是一个犹豫不决，小心谨慎的人。对此，销售人员首先循循善诱，探明了客户犹豫徘徊的原因；其次就着客户的思路和要求，销售人员以一个专业房地产业务员的身份帮助客户做了两个房源之间的比较。经过简单的分析，客户想要对比的房源劣势一览无余；最后为了自身生活的便利，客户选择了销售人员推荐的这个房源。整个说服过程条理清晰，有理有据，让人信服，值得广大销售人员学习和借鉴。

此外，针对客户想要再走走看看的心态，销售人员千万不可听之任之，这样很有可能会错失良机，客户喜欢的房子很有可能被其他人买走。因此，聪明的销售人员一般都不会让客户顺其自然，而是帮着客户一起看楼，一起分析对比对象之间的利弊得失，从而牢牢把控销售的主动权。

口才训练点睛

这是一个激烈竞争的时代，面对客户的犹豫不决，房地产销售人员一定不可以消极懈怠，更不可以放任客户自己去比较，只有积极主动地为客户分析利弊，才能取得销售的主动权，才能分得房地产市场上的一杯羹。

口才训练 9：顾客提出“房价下跌，不适宜现在买楼”

当房地产销售人员接待客户看楼的时候，会有部分关心楼市价格变动的客户提出——房价下跌，你认为当下适合买楼吗？对于这样的问题，房地产销售人员要巧妙地回答。不能回答那些没有任何事实依据的话，有些客户能听出来售楼员口中夸张的话，有些人听不出来。听出来的客户会降低对售楼员的信任，听不出来的时间久了很有可能会怨恨售楼员。

口才训练

房地产销售人员：“先生，您好，您看您挑选的房子，位置、采光、面积都不错啊！您真是好眼光啊。”

客户：“房子的确还算可以，可是现在的房价下跌得也很厉害啊，真是害怕房价再下跌啊。”

房地产销售人员：“房子作为商品，它的价格就是在不断波动的。忽高忽低，很多因素都可以影响的。”

客户：“你说的在理，那你感觉现在适合买房子吗？”

房地产销售人员：“现在买房合不合适，还得具体情况具体分析。如果您是打算长久居住的话，这个时候出手就比较合适，因为房价已经降了这么多！”

客户：“如果房价继续下跌，那我不是买亏了吗？”

房地产销售人员：“先生，您仔细想一想，如果您20年前在这儿买一套房子三四十万元就可以了吧。现在在这儿买一套同等条件的房子，至少要花三四百万元吧。尽管二手房的价格没有新楼盘高，但是它的价格至少翻了有10倍。更何况您还住了20年，20年的租金也足以抵上房价的一部分了吧。这样算来，如果您在20年前买了房，现在应该赚翻了吧！”

客户：“我明白你的意思，但是如果房价在下半年再跌一些呢？”

房地产销售人员：“房子是一件商品，它的价格会在市场规律的作用下上下浮动，这很正常。房价在过去的20年里也是有升有降的。”

客户：“那倒也是。”

房地产销售人员：“买房抓住时机固然重要，但是如果您就为了难以预测的时机，错过一个合适的房源，那也得不偿失。”

客户：“嗯，你说得对。”

口才训练解读

很多客户在买房的时候若是碰到房价下跌的情况都会持观望的态度。他们总希望自己能够在房价的最低点买进，从而节省一笔钱。但是房地产市场变幻莫测，影响房价的因素数不胜数，没有谁能准确预测到房价未来的走向。对于客户这种偏执的心理，销售人员应该如何化解呢？

关于房价的走向，销售人员不可信口开河，更不能以专家的名义欺骗客户。比如“专家都说了，今年适合买房”，倘若客户反问“哪个专家说的啊？你在哪看到专家说的？”这样误导人的话一定会让销售人员陷入尴尬，会影响客户的信任，容易错失成交的机会。

对于这样的情况，聪明的房地产销售人员通常会给客户提建议：短期套利不适合买房，但是如果长期投资或者持有，那就是最好的买房时机。为了让客户对你的建议深信不疑，房地产销售人员可以举例论证。口才训练中的销售人员就是按照这样的语言技巧一步步化解客户的顾虑的。

口才训练点睛

当现有房价在跌，客户持续观望时，房地产销售人员可以用购置固定资产或持有物业的增值性来打消客户心底的顾虑。当然，为了更快地促使客户做出购买的行为，销售人员的论述需要有理有据，证据充分，分析到位，否则客户会有一种受骗的感觉。

口才训练 10：顾客表示还想和家人商量商量

在经过了接待、选户型、看房到即将购买的关键时刻，总有许多的客户会向房地产销售人员说出一句熟悉的话，那就是“还想再和家人商量商量”，实际上说出这种话的客户大多数都是在犹豫。换句话说，就是在拖延买房的时间，只有少数人是真的想和家人商量。房地产销售人员遇到这样的情况就要用技巧来达成交易，切不可鲁莽、急于求成，将长期的客户“赶跑”，导致功亏一篑。

口才训练

房地产销售人员：“王先生，您来了，先前我们一直协商的房子您意下如何啊？”

客户：“那套房子还可以吧，但是还有相关的事情我需要和家人商量一下。”

房地产销售人员：“那王先生，对于这套房子您是不是还有不满意的地方？”

客户：“你想多了，这套房各方面条件都不错，我也很看好它，但买之前我想跟我家里人商量一下。”

房地产销售人员：“您这样做我也很能理解，毕竟买房是一笔很大的投入，听听家里人的意见也很必要。王先生，您真是个办事周到、思维缜密的人呢，难怪您把您的公司经营得那么好。”

客户：“哪里，在社会上吃亏吃得多了，自然就会想得多。”

房地产销售人员：“我想，您的公司在短短五年的时间内发展成这样的规模，肯定与您善于发现商机和把握商机的能力是分不开的吧？”

客户：“呵呵，是的，生意场上把握商机，果敢决断也很重要。想当年……”

房地产销售人员：“王先生，听您的创业故事，真的让我好钦佩啊！您巧借东风，把握机会，果断决策，真的跟古代伟大的军事家诸葛孔明有得一拼啊。其实啊，我觉得买房也是一样的。这世上没有十全十美的房源，尤其是有孩子的家庭，要选到一套既适合大人又利于孩子的房子实在是不容易，对吧？”（回到主题。）

客户：“是啊，我半年前就有了买房的想法了，到现在才相中一套合适的。”

房地产销售人员：“现在，我们这套房既能满足您和您太太的家居需求，又能给孩子一个优越的成长和教育的氛围，这就像生意场中的商机一样，可遇而不可求啊！您现在出手了，这套房子就是您的；您现在如果犹豫了，那么这个房源很有可能就会落在别的客户的手里了。您说是不是？”

客户：“这……”

房地产销售人员：“您如果真心觉得这套房子符合您的心意，我建议您尽快定下来。我想，您的家里人也会因为有这样一个温馨的家而感到高兴的。您说是吧？”（坚定客户的信心）

客户：“好吧，那就这么定了吧。”

口才训练解读

当客户表示要和家里人商量商量时，无外乎以下三种原因。

1. 由于楼房毕竟不是廉价商品，害怕自己做出错误决定，需要一家人协商决定。

2. 将购买的时间向后推迟，尽量为自己谋取更多的利益。

3. 其他原因。

遇到这样的情况，销售人员需要根据其异议的真假做出针对性的应对举措。若是客户真的没有决定权，需要和家里人商量商量，那么房地产销售人员应该表达对客户行为的理解，如“买房子这事情毕竟不是安装空调那样廉价的事情，应该经过家人的商量。”然后遵从客户内心的想法，让其和家里人商量商量。不过这并不意味着房地产销售人员听之任之。为了避免自己陷入被动的销售局面，销售人员应该向客户详细了解决策者的信息，并索取联系方式，然后请客户定下时间邀请决策者到现场，三方一起商谈。

如果客户说“想和家人商量商量”只为掩人耳目，其真实目的是杀价或者再比较比较，那么房地产销售人员就要通过强调房子的优势和价值，让客户明白房子是物有所值或者物超所值的。此外，销售人员还需要适度地激一激客户，刺激其做出购买决策。

在激客户的过程中，一定要掌握好分寸，不能太明显、太紧迫，否则会起到适得其反的效果。这样会让客户有被压制和胁迫的感觉，房地产销售人员也很难得到他们的积极配合。例如：

客户："我要和家人商量商量。"

房地产销售人员："您家人？是您老婆，还是您父母呢？"

客户："我老婆。"

房地产销售人员："那你们什么时候才能做出购买的决定？"

客户：（沉默）"……"

房地产销售人员："今天先这样吧，明天我再打电话联系您。"

这样的催促会给客户一种被压制和胁迫的感觉，客户也会因此而产生厌恶心理，最终会丢失客户。

当然，除了以上禁忌，销售人员还应避免说"瞧您这话说的，您是户主啊！您说的话在家那是管用的，放心吧，您家人肯定没有意见"等类似的话；也不可以说"好吧，那你回家商量，我等你答复。"前者会引得客户反感，后者会错失销售的机会。此外，为了达到一个很好的跟进效果，销售人员也不可说"您碰上喜欢的房子也不易，这套房子特别适合你，就不要再考虑了。"这样泛泛其谈的话没有一点说服力，客户也不会因此而打消和家人商量的想法。

口才训练点睛

当客户表示还想和家人商量商量时，销售人员首先要辨明此异议的真假。如果假的异议，销售人员需要旁敲侧击，探明客户隐藏的真实意图，这样才能，进一步采取针对性的应对策略。若是异议属实，销售人员也应该及时制定跟进策略，切勿让机会白白溜走。

口才训练 11：巧言缓解客户购房的抗拒心理

人们通常会有这样的心理：购物是一件非常愉快的事，但同时也会有一些心疼，因为要掏钱。特别是掏数额巨大的钱。比如买房，很多人都是付出了所有积蓄，在拥有新居的巨大兴奋中，心疼的感觉会更强烈。在这种情况下，人们的潜意识中就会产生抗拒，不愿意掏钱。如果销售人员不懂得客户的这种敏感的心理，说话不注意，就会给楼房销售工作带来阻碍。

口才训练一

客户：“这套房子一共得多少钱？”

房地产销售人员：“王先生，您买这套房子的总价是 100 万元。”

客户：“那每个月的月供是多少？”

房地产销售人员：“您买这套房子的月供是 5 000 元。”

口才训练二

房地产销售人员：“王先生，这份文件需要您的授权。”

客户：“好的。”

口才训练解读

“鸟宿池边树，僧敲月下门。”之所以能够成为人们千古传唱的佳句，很重要的原因是因为它是苦吟派诗人贾岛一字一句苦心推敲的结果。作为一个房地产销售人员有时候也需要这种咬文嚼字，反复推敲的认真态度。

在口才训练一中销售人员的回答略显不妥。他用到的这个“买”字给客户的感觉是要往外掏钱，因此没有人喜欢这种感觉。而“总价”二字给人的感觉也是总共要付的钱，让人在潜意识里感觉恐惧，总共需要拿出100万元，客户想想都心疼。

倘若把“您买这套房子的总价是100万元”换成“您拥有这套房子只需要100万元”，更容易让人接受。原因是人们的潜意识里更喜欢这种轻松的体验。当然了，不管是讨论房子的总价，还是讨论月供都是一样的道理。第二个回答最好是“您拥有这套房子的每月只需要5 000元”，这样的回答更容易消除客户的抗拒心理。

口才训练二的销售人员给大家做了一个很好的语言示范。一般说到《承诺书》以及协议、合同时往往意味着将要履行的责任和义务，客户很抗拒听到这一类的词，所以销售人员不要说：“王先生，请您在这个《承诺书》上签字”。如果把相同的意思换一种表达方式，如口才训练二所示，那么客户的接受程度会大大增强，因为“授权”二字好像给了客户更大的选择权，这种居高临下的优越感是每个人都想要的。

总之，人与人在沟通时，使用的词汇不同，传递给人的感情色彩和心理暗示就不一样。因此，为了有一个好的沟通效果，为了避免客户产生抗拒心理，房地产销售人员一定要注意词汇的推敲，多使用容易促进销售的词汇，少使用一些让客户潜意识产生排斥的词汇。

一般来说，转换一些词语，可以消除顾客潜意识里的恐惧：

总价——总投入金额；

分期付款——分期投入；

月供——每月投入；

问题——挑战；

交易——机会；

合同——文件。

常见的可以促进销售的词汇有：

了解、证实、健康、从容、保证、钱币、安全、节约、新的、亲爱、发现、正确、结果、真诚、价值、玩笑、真理、安慰、骄傲、利益、应得、快乐、重要、担保、优点、明确、好处。

常见的容易妨碍销售的词汇有：

应付、花费、付款、契约、签字、尝试、困扰、亏损、丧失、损害、购买、死亡、低劣、售出、出卖、代价、费劲、义务、责任、失败、不利、不履行。

口才训练点睛

要想提高销售的效率，销售人员就要尽量少用一些贬义词语、否定词语、刺激性词语、夸张不实的词语，多用一些有利于促进销售的词汇。这样可以轻松化解客户的抗拒心理，从而加快与客户交易的步伐。

口才训练 12：介绍楼房卖点要因人而异

有一次，子路问孔子："听说一个主张很好，是不是应该马上实行？"孔子说："还有比你更有经验、有阅历的父兄呢，你应该先向他们请教请教再说，哪里能马上就做呢？"没过多久，冉求以同样的问题请教孔子，这回孔子却说："当然应该马上实行。"一旁的公西华看见孔子截然相反的回答不禁有些吃惊。孔子回答道："冉求遇事畏缩，所以要鼓励他勇敢；仲由遇事轻率，所以要叮嘱他慎重。"

这个小故事体现了大思想家孔子因人而异的教育方式，对后人具有重要的借鉴意义。其实这种因人而异、随机应变的处事方式，不仅适用于教育，而且适用于生活的方方面面。在销售行业里，不同的客户有不同的需求，因此销售人员在介绍楼房卖点的时候需要根据每个人的不同需求区别对待。

口才训练

房地产销售人员：“张姐，您好。请问有什么可以帮助您的吗？”

客户：“我母亲生病了，我打算把她从乡下接过来和我们一起住，现在住的那个房子面积有点小，所以我想换个大点的房子。”

房地产销售人员：“您可真是一个既孝顺又有责任心的人。‘百善孝为先’，您母亲知道您这一片孝心不知道该多感动啊。根据您的家庭情况，我给您推荐这一套房源，它是一个150平方米的大户型房子，位于××公园附近，楼层不高，南北通透，小区绿化环境也挺好的，住进去非常舒服。您闲暇之余可以陪着您母亲在公园里健健身，锻炼锻炼，这也不失为一种生活的惬意和幸福。”

……

很快，随着销售人员的深入介绍和带看，客户脸上的笑容也渐渐多了起来，她觉得这套房子非常适合自己，双方之后的一切沟通也顺理成章，没多久就正式签订了合同。

口才训练解读

客户需求是销售人员介绍楼房卖点的重要依据。销售人员只有根据客户的不同需求调整楼房的卖点，推销活动才会有所收获。在上述口才训练中，当销售人员知道客户的具体需求之后，就将自己所推荐房源的卖点转变为——靠近公园、低楼层、南北通透、小区绿化环境好、大户型等这些关键词。这种摸准“命门”的销售，其结果自然朝着顺利成交的方向发展。假如销售人员所介绍的房源卖点不是这些，那么即便是房子的性价比再高，客户也未必会买账。

在介绍楼房时，销售人员需要根据不同客户的需求不断地调整房源的卖点。

1. 为了新婚购房的客户

新婚燕尔，卿卿我我，最不想要被人打扰。此时简单的二人世界，暂时没有赡养老人和抚养小孩的考虑，因此也不需要过大的居住环境。销售人员在为这类客户介绍房源的时候，主要以小户型为主，一般 50 ～ 80 平方米即可。介绍房源的卖点时最好突出房子将来的发展潜力，因为他们正处于置业的过渡期，将来会考虑换大户型的。

另外，销售人员还需着重强调的房源卖点有：交通便利、生活条件成熟、有公积金贷款等。原因是他们刚结完婚，没有多少积蓄，有车的概率非常小，所以还应该找一处交通便利的房源，而且选择的地理位置最好是周围有医院、商圈、菜市场等生活成熟区域。此外，婚房大部分都是受父母资助的，首付可能会多付一点，剩下的由他们自己偿还，所以可以用公积金贷款的房子更受这类客户欢迎。

2. 为了用于出租而购房的客户

对这类客户，销售人员应重点介绍房源的卖点为：资源稀缺、地段好、楼层和朝向佳。

为了迎合客户的需求，销售人员最好为其推荐一些不可再生的、稀缺性的房源，老城区、学区、小户型的房源是很理想的选择。另外，位置在城市的中心区域，或者城市景观区域，抑或是将来有规划潜力的行政或商业中心也是理想的房源。此类二手房除了地段要求严格以外，楼层和朝向的选择也不能含糊，最高和最低的楼层都不在此类客户的考虑范围之内。

3. 为了教育购房的客户

在为教育购房的客户介绍房子时，最大的卖点就在于房源的位置，房子必须位于学校的附近，以步行距离 15 分钟左右为宜。

4. 为了改善环境购房的客户

为改善环境购房的客户买房最大的目的是改善目前的居住环境。因此，为了迎合他们的需求，销售人员最好突出房源面积大、绿化环境好、生活设备齐全等卖点。一般为客户推荐的房源以三室一厅或者两厅为宜。面积要求在 90 平方米以上。此外，客户对生活环境要求也比较高，而对地理位置并不会太在意。

口才训练点睛

在楼房介绍的过程中，销售人员需要根据不同客户的需求适当变换房源的卖点。这样才能更好地迎合客户的需求，从而加快双方交易的步伐。

口才训练 13：用同类人做比较，激发客户的购买欲望

“你看，邻居家的 ×× 比你小 2 岁，都比你懂事！”“你瞧瞧你，这点事情都办不好，还不如 ××”类似这样的话我们从小听到大，也深有感触。对于被比较的那个人来讲，听了这些话其自尊会受到一定的伤害；但反过来讲，这种赤裸裸的对比在刺激人自尊的同时也会使其幡然醒悟，奋起直追。

在房地产销售活动中，销售人员也可以试一试这把“双刃剑”，将客户和他的同类人做比较，说不定最后可以激发其购买的欲望，从而加快其购买的速度呢！

口才训练

张阿姨是房地产销售人员小李的一名客户。在接触了一段时间后，张阿姨已经基本上认可了小李为她推荐的那套房子，只不过因为价格的原因，张阿姨始终不愿意签单。

小李："张阿姨，这个房子在三环之内，地理位置那么优越，所以业主要这个价格也可以理解，您看能不能再给他加一点。"

张阿姨："不能再加了，我本来也不是那没钱的人，不在乎这一万元两万元的，可你看看他的房子有多旧啊，装修风格都是七八十年代的了，我重新装修也需要花很多时间和精力的！"

小李："张阿姨，您说的没错，那个房子确实老旧了一些，不过正是因为它旧，所以房东在开价的时候特意少开了几万元。我觉得你可以利用这些钱按照您喜欢的风格重新装修。这样不仅弥补了装修的缺陷，而且您还获得了一个好地段的房子。您说是吧？"

张阿姨："嗯，话是这么说的，可我还是觉得贵了……"

小李："张阿姨，您知道吗？你斜对门的那个邻居李大姐，上个星期在我同事那儿买了一套500万元的房子，比您的这个房子足足多了10万块钱，我觉得以您家的财力，肯定要比李大姐强很多，这点钱对您来说肯定不成问题。"

张阿姨："哦，是吗？她在哪儿买的房子啊？"

小李："她是在××买的，那儿的位置远不如您这个。"

张阿姨："在那么偏的位置还花了那么多钱？我就知道她买东西的眼光远不如我！她还一直不承认，真是的！"

小李："您说的是，您买的这套房子性价比确实很高。"

张阿姨："好了，我也不跟你多说了，就这个房子，这个价格，给我定下来吧。"

口才训练解读

争强好胜是人的本性。销售人员若是能恰当利用人性这一弱点，那么很容易把销售向前推动一步。口才训练中的房地产销售人员就是认定了客户争强好胜的性格，所以拿邻居李大姐和她做对比，从对比中激发客户的购买欲望。当然了，除了使用激将法之外，销售人员还使用了赞美的语言技巧，这样一来，更加坚定了客户购买的信心。

不过，销售人员在用同类人做比较的时候，一定要把握好语言的分寸，否则非但无法促使客户下决心购买，反而会招来他们的反感，从而使签单化为泡影。比如，“李总，以您的实力，我无论如何都不相信你拿不出来这区区100万元！××公司的张总，前段时间在我同事那儿买了一套房，还花了150万元呢！他的公司规模可远不如您呢！”这样不当的言辞很容易让客户生气。假如他给你甩一句“他厉害你找他买去，反正我不买”的话，那签单岂不是彻底没戏了？

因此，适当运用激励语言，促使准客户下定购买的决心是使用同类比较法的关键所在。

激励语言既要防止“过”，又要避免“不及”，要让客户听起来感觉合情合理、易于接受，而不会引起客户的反感。

另外，在使用这种方法的时候，房地产销售人员一定要选择好对象。一般来说，针对那些性格争强好胜，虚荣心较强的人会比较奏效；而那些性格沉稳，做事理智的人根本不吃这一套。

为了避免客户反感，房地产销售人员说话的语气要非常轻松，态度要温和，最好是自然而然地流露，当心让客户看出你的“小心机”。

最后，需要提醒注意的是，争强好胜的客户一般比较爱面子，喜欢凸显自己的优越感。因此，为了迎合他们的这种心理需求，销售人员在做对比的时候，别忘向他们投去一个羡慕的眼神，不时送上一两句恰如其分的赞美，这样会使他们的购买欲越发高涨。

口才训练点睛

房地产销售人员在使用同类比较法激发客户的购买欲望时，需要注意使用合适的言辞，选择合适的对象，并且配上恰如其分的表情，这样才能达到理想的效果。

第五章 慧心妙舌，解决价格异议完成签约

凡是做销售的人都会有过与客户讨价还价的经历。从集贸市场几毛钱的小菜生意到工商企业间上亿元的巨额交易，买卖双方总难免为成交价格纠缠不休。涉及价值百万元甚至亿元的房产，客户更会讨价还价，争取自己利益的最大化。为了打赢这场价格大战，房地产销售人员需要掌握各种化解客户价格异议的语言技巧，这样才能让客户找到心理平衡感，从而实现双方对产品价格的一致认同。

口才训练 1：假设促成法

网上有这样一则故事：有一天，张先生独自在家，突然“咚咚咚”有人敲门，张先生去开门，发现没有人；再过一会，“咚咚咚”又有人敲门，张先生去开门，发现没有人；再过一会，“咚咚咚”又有人敲门，张先生去开门，还是发现没有人；如此反复了四五次，当门上再次响起“咚咚咚”的时候，张先生已经上床准备睡觉了，于是他便没有起来开门，而是自顾自地睡着了。到第二天天亮醒来发现，房间被偷空了……

这则发人深省的故事告诉我们，人很容易受惯性思维的影响，如果受到某个暗示的次数多了，自然会不以为意，做事情会顺着原来的思维方式继续。同样的道理，面对有价格异议的客户，房地产销售人员若是多次给客户一个假设促成的暗示，那么一定时间之后，他也会在惯性思维的影响下慢慢接受促成这个事实。

口才训练

房地产销售人员：“李先生，您看这套房还满意吗？”

客户：（点头）“价格有点高啊。”

房地产销售人员：“抛开价格因素不谈，您对这套房子的其他方面还满意吗？”

客户：“嗯，挺满意的。”

房地产销售人员：“嗯，这确实是一个不错的房子。您若是买了它，在阳台的这个地方摆一个摇椅，跟前再放一个茶杯，一边沐浴着和煦的阳光，一边读书品茗，那该是一段多么幸福而惬意的时光啊！”

客户：“呵呵，的确是。”（购买信号）

房地产销售人员：“而且这个房子离您上班的地方也非常近，步行十几分钟就到了。您若是买了它，每天可以比其他同事多睡1个多小时呢！当其他人6点钟起床赶路的时候，您还在香甜的睡梦中呢！多幸福啊！”

客户：“嗯，你这么一说，这房子确实还挺好的，买下也值了。”

口才训练解读

当客户对房子的价格存在一定的异议时，客户和房地产销售人员双方都很容易陷入一个对峙的阶段——他不愿意出价，你不愿意降低。此时，如果房地产销售人员能够主动打破这种沉默，假定客户已经完全同意，并且紧抓客户的需求，为其编织一幅幅成交后的美好生活图，相信客户在这种潜在的暗示下会慢慢认识到房屋的优越性，从而潜移默化地降低对价格的敏感度。

此外，房地产销售人员在运用假设促成法暗示客户的时候，一定要确认客户除了价格，对房子的其他方面都非常满意。如果客户对眼前的房子没有多少好感的话，那么即便你假设暗示，客户也不会有成交的念想，更不会放弃原来的价格异议。

比如，房地产销售人员：“您看，这房子无论从户型还是格局，都是很不错的，您今天就把它给定下来吧。”

客户：“我都不喜欢这套房，怎么定啊！”

当然，为了提高客户的接受程度，房地产销售人员在假设的时候一定要注意措辞，尽量不给客户造成压力或刺激。比如“如果您觉得满意，今天就能买下来吧？”和“如果您觉得满意，今天就能定下来吧？”前后两句话仅一字之差，但给人的感觉完全不同。前者的“买”字刺激性太强烈，给客户一种自己要花钱的压力，而后者的“定”则更容易让人接受。

最后需要注意的是，在假设成交的过程中，销售人员应该保持原来自然的洽谈气氛，不要急功近利，否则容易把客户吓跑的。

常见的假设促成法沟通技巧示例如下：

“张阿姨，有了这个新家，您每天接送孩子就方便多了，买菜的工夫就能顺路把孩子接回来，是吧？”

“李先生，这是相关的合同，您的身份证号码是？”

“张大姐，您希望房产证上写谁的名字？”

口才训练点睛

当客户对房源的价格提出异议时，房地产销售人员不妨用假设促成法给客户一个积极的暗示，这样有助于提高销售的效率。不过在此过程中，销售人员一定要谨慎措辞，注意相关的细节问题，当心起到适得其反的效果。

口才训练 2：谈价过程中巧说“不”

在唇枪舌剑的价格商议中，客户总希望以最少的价格买到最好的房子。有的时候他们甚至会提出一些很不合理的成交价格。这个时候，销售人员很难接受。但若是说“不”，会招致客户的反感，不利于成交。那么在谈价的过程中，销售人员应该如何巧妙地拒绝才能保证销售成功呢？

口才训练

客户：“讲了这么多，我也累得慌。这样吧，这个房子现在若是能以 150

万元成交，我立刻就可以和你们签合同。”

房地产销售人员：“您的这个报价实在是太低了，前几天有个客户 155 万元要买，业主都没有松口。”

客户：“是吗？不过这要价也太高了，我真的有点接受不了。”

房地产销售人员：“大哥，您现在可能觉得 157 万元您接受不了，但是您可以仔细想想，这套房子有很多的优势啊，首先它地理位置优越，其次生活设施齐全。一出门走一两分钟，就有公交、地铁，对于您这样的上班族而言，出行多方便啊。而且这儿是城市的繁华地段，下楼您就可以逛商场，200 米处有一个大的蔬菜市场。出门左拐走 100 米，就可以看见一个大型的综合医院，看病、养生非常方便。而且咱们这附近还有一个小型的公园，选择在那儿晨练再合适不过了。这么好的地段将来发展潜力也很大啊。俗话说，一分钱，一分货，它正因为好，所以才贵啊！”

客户：“我知道它好，所以才有意向买呀！不过业主就真的不能再降一降了吗？哪怕少 2 万块钱也行啊！”

房地产销售人员：“您都第二次来了，看你也是诚心想买，这样吧，您再加一点，我呢和业主再商量商量，看他能不能再少要一点，咱们尽量取一个双方都能接受得了的价格，好吧？”

客户：“那好吧，咱们双方各退一步吧。”

口才训练解读

在上述情景中，面对客户开出的不合理的价格，房地产销售人员并没有直接开口拒绝，而是通过一个前客户的出价委婉地告诉现客户他开出的这个价格和业主的要求相差甚远。在接下来的讨价还价中，销售人员也并没有直接拒绝客户的价格请求，而是通过列举房源优势，凸显房源价值的方式巧妙地拒绝，这样既不得罪客户，还有利于提升客户的心理价位。

拒绝是一门艺术。销售人员在议价的时候可以通过以下沟通技巧委婉地向客户说“不”。

1. 着重强调房源的优势

在拒绝客户不合理的价格时，销售人员不能将说话的着眼点和重点放在房源的价格上，而是要放在房源的种种优势上，这样客户才能强烈地感受到房源带来的种种好处，从而觉得它物有所值，进而心甘情愿地给出更合理的价格。

2. 突出房源的稀缺性

人们常常说，物以稀为贵，情因老更慈。越是稀缺的东西，人们会感觉更有价值。所以，在议价的过程中，销售人员可用事实说明房源求大于供的状况，让客户认识到房源的稀缺性，这样才有可能使客户让步，从而顺利签单。

口才训练点睛

房地产销售人员在拒绝客户的价格请求时，不可直接说“不”，而应该通过强调房源的优越性和稀缺性的方式来慢慢提升客户的心理价位。此外，销售人员在委婉地拒绝时若是能配上温和的微笑，那么更容易让客户接受你说出的那个“不”字。

口才训练 3：楼房交易中的让价技巧

在房地产销售中，销售人员和客户的价格切磋是一个必不可少的部分。为了以一个自己理想的价格成交，客户不断在砍价，销售人员不断在让价。那么，在你来我往的讨价还价中，房地产销售人员需要遵守哪些让价的原则和技巧呢?

口才训练

客户："这套房子的价格是多少呢？"

房地产销售人员："158 万元。"

客户："这样太贵了吧，要是 150 万元能卖我现在就可以签合同。"

房地产销售人员："张太太，我这个人一向不喜欢开高价，158 万元已经是业主的最低要求了。当然，我也知道您是诚心要这房子的。这样吧，您开一个诚心价，如果差距不大，我可以去帮您同业主谈。"

客户："你报的这个价格我接受不了，我最多可以出到 153 万元。"

房地产销售人员："张太太，我觉得您给出的这个 153 万元业主绝对不会同意的。前段时间，我的邻居在 ×× 小区买了一个同等大小的住宅楼，给出 156 万元业主都没同意，咱们这是高档小区，各方面的环境远远优于 ×× 小区，所以业主听到这个 153 万元肯定是不同意的。我知道您是一个爽快人，您要真心想买，就把这个价码往上提一提，好吗？"

客户："这样吧，我再让一步，增加 1 万元，这次说什么也不能再多要了！"

房地产销售人员："154 万元的成交价难度太大了，您还需要再加点。"

客户："不行，再多就超出预算了。这样吧，就这个价格，你帮我好好跟业主谈谈，要是能接受，我就考虑买下这套房。"

房地产销售人员："啊，这个价格难度很大，我想需要我们店经理亲自出马了，他谈价非常厉害，有他出手，估计业主答应的可能性还大一些。这样吧，154 万元已经是一个极限了，如果我们和业主谈成功了，我建议您立即把诚意金交给他，否则等他反悔就不好了。您看您是准备交 1 万元诚意金好呢？还是交 1.5 万元呢？"

客户："那就 1 万元吧。"

口才训练解读

一般来说，向客户开的价码要比业主提出的低价高出 2 万～ 5 万元，有的甚至会更多，目的是给客户留下砍价的空间。即使开高 2 万～ 5 万元，有的时候客户的还价会远远低于业主的预期。因此，在这个上拉下扯的过程中，销售人员一定不可以很快报出低价。

上述口才训练中的这位房地产销售人员就非常聪明，他在业主底价的基础上开高了 4 万元，目的是腾出客户砍价的空间。当客户还价太低时，销售人员把守住底线，用自己邻居的事例做对比，给客户一定的压力。果然试压后的客户提高了价码，达到了业主的价格要求，只不过此时销售人员还需要勉为其难地接受，否则无法给客户一种已经让到底的感觉。最后，销售人员还提出了交意向金的要求。这样做的目的是避免出现反复，保护来之不易的谈判成果。

房地产销售人员在楼市交易中需要掌握如下让价技巧。

1. 谨慎地接受客户的还价

客户的还价不管高于业主底价，还是低于业主底价，销售人员都不能立即接受，否则客户会认为还有讨价还价的空间。

2. 价格达成后要求客户尽快交意向金

一旦谈好价格，房地产销售人员就得督促客户赶快交意向金，否则一旦反复，那么之前的种种努力都将付诸东流。

3. 让价坚持先大后小的原则

人的欲望是一个无底洞，销售人员让价越大，客户砍价会砍得越凶。因此，一般销售人员不要轻易开口让价，即便有所让步，也是越到最后让得越少，让价幅度由大到小，这样客户才会觉得你已经让到无能为力了。

口才训练点睛

让价是语言的艺术，它关系着销售的成败。房地产销售人员在楼市交易中一定要遵守让价的相关技巧，不可为了早点签单，就早报低价，以快取胜；也不可为了达成交易，随意向客户许诺；更不可简单地充当客户与业主之间的传话筒，这样会让销售人员失去谈价的主动权。

口才训练 4：客户家庭全员出动，始终商讨无果

相信大部分的房地产销售人员都遇到过这样的情况，自己联系了很长时间的客户总是说家人意见分歧，商讨也没个结果。面对这种情况，怎么说才能打破僵局呢？

口才训练

房地产销售人员小郭："您好，马先生，这套房子您感觉怎么样啊？"

客户："房子我是挺满意的，可是我爱人想买一个面积小点的，现在还在商量。"

小郭隐约感觉该客户不是不想买这套房子，而是因为嫌房价太高了，想拖一拖压低价格从而达到心理价位。

小郭："马先生，看得出来，您对这套房子还是挺满意的，您要求的它都能满足，而且次卧都是阳面的。这两天，好多人都和我商议这套房子，您是先来的，我优先给您留着呢。您是不是有什么其他的原因让您不愿意马上做决定呢？"

客户："哦，你怎么知道的。不瞒你说，我们全家商量了一下还是觉得

价格上有点偏高啊，我们这个家庭条件也很一般，最近家里还出了一档子事情，希望你理解，给我们点优惠吧。”

小郭：“马先生，您的情况我也理解，咱们都不容易，但是那天带您看房子我也说了，我们的领导也在身边呢，我给您的价格已经是最低价了，我也想和您交个朋友，价格真的不能再让了，我也仅仅是个打工的啊。”

客户：“你说的倒是在理。小伙子，价格上给我让出 2 个点，我马上付了首付，你看看吧。”

小郭：“马先生，您是个豪爽的人，我回头向我们领导把您的情况反映一下，看看能不能申请帮您少收一部分，具体少收多少我现在也不知道，您觉得这样可以吗？”

小郭心里清楚，2 个点肯定能降，但是不能当即表现出来，因为让客户看出来就说明还有下降的空间，必须走一个“程序”，让这个需求被满足的过程格外艰辛。

小郭：“马先生，您稍等一下，我去请示我们业务经理。”

客户：“好吧。”

小郭心里乐开了花，功夫不负有心人，终于签约成功。

口才训练解读

上述口才训练，是销售人员在工作的过程中经常遇到的情景。商量是客户购房的必要环节，也是房产交易过程中出现变数的多发期，如何在这个情况多变的商议阶段，与客户达成共识就成了销售房成败的关键。

一般而言，客户说出回家商量的话，内在含义有以下 3 点。

第一，推迟交易时间，利用延缓期货比三家，或者另做打算。

第二，其实第一时间，客户就没有看重这个房子或者想通过认识的熟人来购买，今天来看房只是想粗略地了解一下，让销售人员帮着探探路。

第三，房产是动辄几十万元上百万元甚至更多的高价商品，关系着家人生活的居住环境，一个人做决定太过轻率。

所以，首先要弄明白客户说话的真正含义，再“对症下药”，说服客户成交。那么，到底具体该如何说呢？

1．看客户对于成交是否具有拍板的能力，对于有决策权的客户要认真讲述楼房的优点，再让对方感受到你的诚意。

2．如果客户仅仅是利用商量作为挡箭牌，销售人员可以再做出适当的让步，再次显示诚意，但是不可将最低报价说出来，要多留余地。

3．如果房产抢手，应向客户传达房屋畅销的情况，尽快做出决定。

口才训练点睛

无的放矢，成功率太低。所以销售人员必须先问明白客户的真正意图，然后针对客户的问题一一解决。

口才训练5：客户说“楼盘报价怎么涨了呀”

一个楼盘从开盘到尾盘销售，中间会经历一个很长的过程。在此期间，楼盘的报价会因为种种不确定的因素上下浮动。当客户质疑楼盘的报价上涨时，房地产销售人员应积极地与客户进行沟通，比如举一些身边的实例，来打消客户的价格异议。当客户有所动摇的时候，销售人员要趁热打铁，用房源的稀缺感吸引客户，从而促使客户尽快做出决定。

口才训练

客户：“我邻居买房的时候还是7200元一平方米，怎么现在已经涨成7500元一平方米了？”

房地产销售人员：“7500元一平方米？不好意思，是这样的，7200元一平方米是前两个月我们开盘时所给出的优惠价。如果您邻居是在那个时候买的，那就是这个优惠价格，如果不是的话，他不可能这么便宜买到房。”

客户：“既然7200元一平方米你们也能卖，那这次也给我按这个价格算吧，反正你们照样能赚钱。”

房地产销售人员：“张姐，如果可以的话我也愿意这么做。您买得高兴，我也卖得痛快，对吧？但是，很遗憾，7200元一平方米是开盘时期的特价，现在已经过了那个优惠活动的期限，我是不能随便给您打折的，这是公司的严格规定。上个星期，我们这儿来了一个经理的亲戚，找了经理很多次，都没有受到特殊的照顾，一样都是按照7500元一平方米算的。”

客户：“……”（客户沉默，动摇了。）

房地产销售人员：“张姐，俗话说‘机不可失，时不再来’，您对我们楼盘满意，而且购买的意愿也很强，那我建议您还是抓紧时间买了。这个新楼盘很抢手的，开盘一天就售出了10套，现在我们手里的房子已经不多了。如果您错失这个机会，以后要想以这个价格买这个地段的房子那可就不太可能了。因为您也知道，一直以来房价只升不降，您买得早点，能省很多钱呢！”

口才训练解读

在楼盘开售的过程中，价格的上涨和下跌是客户最敏感的关键问题。当房子的报价上涨时，客户心里会非常惋惜和难过，他们更不明白报价为什么会涨。作为房地产销售人员，当被问及上涨的原因时，不要回避，更不要简单搪塞，要根据实际情况说清楚上涨的原因，让客户意识到这次涨价是非常合理的。然后再对那些怀疑或者犹豫不决的客户讲明楼房的优势、综合地理位置以及周边的配套设施、环境等多个因素，使客户意识到楼房存在着巨大的潜在升值空间。

此外，在话语中适当地给客户创造点紧张感，例如说每天多少人来看房子，一周的成交量是多少等，这会让客户产生一定的紧迫感，从而加快购买的步伐。

当客户对房子的报价上涨提出质疑时，销售人员千万不可直接否定客户的说法，比如“可能您记错了吧。”客户密切关注楼市，记错的可能性很小。如果销售人员这么说，非但化解不了客户的质疑，还会让客户心生不满。当然，销售人员也不可以给客户消极的回答，比如“这我不清楚，反正现在公司规定的价格就是这样。”这样的说法缺乏说服力，客户更不会接受。

口才训练点睛

面对客户对报价上涨的质疑，直接否定或者消极回答都是不妥的做法。阐述报价上涨的原因，列举身边的事例、营造房源的稀缺性、凸显房源的价值方能化解客户的异议，加快销售进程。

口才训练 6：楼房交易谈价的数字运用

唐代杰出诗人杜牧在《题齐安城楼》有这样一句“不用凭栏回首，故乡七十五长亭”。其中“七十五长亭”一句妙笔生花，以一个“七十五”的确数写出“何处是归程，长亭更短亭”的绵绵思乡之情。这个数字妙就妙在它起到了虚实结合、渲染气氛、强化诗情的作用。

由此可见，数字用得恰到好处也可以起到画龙点睛、意想不到的效果。在房价交谈中，销售人员不可忽视数字的作用。运用得好，成交近在眼前；运用得不好，讨价还价会一直相持不下，严重影响交易进程。

口才训练一

客户：“这套房子的价格是多少？”

房地产销售人员：“158.3万元。”（业主报的底价是156万元）

客户：“155万元行不行？”

房地产销售人员：“158.3万元已经是业主的价格底线了。我知道您也是诚心要买，那就给个诚心价吧，我去同业主谈谈，看看有没有可能。前天有个看房的客户，给出157万元，业主都没有同意。”

客户：“157万元太高了，我可接受不了，要是能再降1万块钱，这事还有商量。”

口才训练二

客户：“这套房子多少钱？”

房地产销售人员：“355万元。”

客户：“350万元可以吗？”

房地产销售人员：“这个已经是业主给出的最低价位了。您真要有心买的话，就再往上提一提价吧。”

……

房地产销售人员：“张先生，我最近这几天一直和业主商谈这个房价，最后好说歹说他才答应把房价降到351.5万元。”

客户："还是有点贵，要是能够把这个5 000元的零头抹了，我现在就可以答应和你们成交。"

口才训练解读

一般情况下，二手房的报价都是以整数形式出现的，如155万元、153万元、151万元等。但是在讨价还价中，客户普遍有一种"去零心理"，即去掉尾数，直接报上一个150万元的价格。如果此时这个报价低于业主的心理价位，那么讨价还价的难度就会有所增大。

在开价时，销售人员最好适当地以小于5 000元的数字来结尾，如150.35万元、170.62万元等，这样客户还价的幅度会比较小一些。例如，在口才训练二中销售人员的开价是355万元，客户的第一反应是去掉5万元的零头，还价350万元。但5万元的砍价幅度有点大，已经低于业主的低价，所以谈判的过程会比较艰难。但是如果销售人员能以355.4万元开价，客户仍有可能还价350万元，但经过一番唇枪舌剑后，他很有可能只抹掉小数点以后的零头，此时，"万元"就变成了整数。这种数字技巧的使用不仅容易让客户接受，还大大降低了议价的空间。

当然了，除了这种去尾谈价法之外，销售人员还可以利用"月、日"来弱化客户期望价与成交报价的差距。这种方法可以降低客户对房价的敏感度，从而有效解除客户的抗拒购买心理。

另外，在说房子的总价、月供款的具体金额时，销售人员不妨用"总额""每月投入金额"来替代，这样可以增加客户对房源价格的接受程度。

口才训练点睛

销售人员在砍价还价的过程中，一定要在所开的价位后面加上一个小数价位，而且每次还价后的出价也要出小数价位，这样有利于降低客户的议价空间。此外，尾数为 1 ～ 4 时，给人以零头的感觉，尾数是 6 ～ 9 时，给人大数的感觉，因此销售人员最好以小于 5 000 元的数字来结尾。

口才训练 7：客户说“没办法啊，预算不够”

很多客户在经过了和房地产销售人员的多次看房和协商之后，他们会将房子的费用进行详细计算，然后客户会利用某些小技巧来进行讨价还价。“预算不够”是他们经常利用的理由之一。当房地产销售人员听到客户说出这类话的时候，应该做出怎样的答复呢？如何化解客户的这招欲擒故纵呢？

口才训练一

客户：“我的预算有限，这个房子还是缓缓再说吧。”

房地产销售人员：“张大姐，那天咱们一起看房的时候您对这房子还挺认可的，您是不是还有其他什么疑问呢？如果有的话，您可以直接跟我说，说不定我还能帮到您呢。”

客户：“我有个亲戚，在房地产公司上班，他说这房子的位置较偏，不值这个价，让我多考虑考虑。”

房地产销售人员：“张大姐，虽说这套房子距离市中心有段距离，但是它周围的交通很便利，您出行的话既可以选择公交，又可以选择地铁，有了这些您到哪儿都方便。而且正是因为位置有点偏，所以业主才没有给您开高价，帮着您省了好几万块钱呢，所以综合起来，这套房子真的是挺值的。我感觉您和家人都很喜欢这套房子，俗话说‘千金难买心头好’，能在这万千房源之中碰到这么一套中意的房子也不容易，对吧？”

客户：“也对，不过这个房价还是有点贵，超出我的预算了，你就再跟业主说说，看看能不能降一下……”

房地产销售人员：“如果您真的有心买，现在就能定下来的话，我可以代您向业主再争取一下价格方面的优惠。不过他会不会让步，或者他肯让步多少，我现在还不敢向您保证。”

客户：“行，你先试试吧，万一争取下来呢！”

口才训练二

客户：“算了吧，我这预算严重超支了，买不起啊，过段时间再说吧。”

房地产销售人员：“谢大哥，您选房差不多也选了有小半年的时间了，能找到这么一套各方面都比较满意的两居室着实不容易。如果您过段时间再做决定的话，很有可能这套房子也被别的买家给买走了，这样岂不是太可惜了。您是不是还有其他什么疑问呢？没关系，您直接说。”

客户：“我没有别的顾虑，确实是预算超支了。这段时间我母亲病了，需要做一个大手术，家里急用钱。”

房地产销售人员：“那您的意思是首付凑不够，对吗？”

客户：“是的，我主要是发愁这个。”

房地产销售人员：“谢大哥，您先别着急，我帮您问问评估公司，看看这套房子评估的价值是多少，这样咱们就可以对房子的贷款数目和首付款项有一个大致的估算。”

客户：“好的，只要首付够，我就可以签合同了。”

口才训练解读

一般情况下，客户提出预算不足有2个目的：拖延时间和谋求利益。

为了避免操之过急或者少犯错，他们愿意拖延时间，毕竟多多地了解自己所买的房子有利而无害。另外，用“预算不够”的理由也可以达到压价的目的。这是很多客户惯有的心理。当然，客户也有可能确实存在预算不足的问题。

对此，房地产销售人员可以直接询问其是否对房源的哪些方面存有不满，这样可以帮助销售人员尽快辨明该异议的真伪，找准客户犹豫的症结所在。如果客户这样说是为了谋取更多的利益，房地产销售人员可以以向业主争取为由，促使客户交订金，不管订金是多是少，交了订金，其反悔的概率就会大大降低。口才训练一的销售人员就给大家做了一个很好的示范。

另外，如果客户的异议确实是真的，房地产销售人员也不能轻言放弃，而是应该积极地帮客户寻找解决问题的办法。口才训练二中的销售人员就为客户找到了一个较为妥善的处理办法，最后客户也爽快答应只要首付够，就会签合同。

当客户说“没办法啊，预算不够”时，销售人员只要遵循下面的方法就无惧他言。

1. 在谈判的时候，切不可表露出急于签约的样子。否则，就只会被人牵着鼻子走。

2. 对于价格上想要谋利的客户，要严格坚守公司规定的底线，没到底线，可以适度地将价格下调或者给出优惠。到了底线，则严格遵守。再言说楼房的优势、性价比等，增强客户的购买欲。

3. 了解客户的买房诚意，是否还有其他的房源；但是不可以直接问，只能旁敲侧击。一般来说，随着客户对于房子了解程度的逐渐加深，拖延时间的较少。

口才训练点睛

当客户说预算不够的时候，销售人员首先要掌握其异议背后的真正意图；

其次在保证公司利益不受损失的前提下，给其适当的优惠。必要的时候要可以通过强调房源的优势和性价比来提升客户的心理价位。

口才训练 8：客户说“楼盘价格偏高，还是买二手房便宜些”

客户买房的时候通常有两种选择，一种是新楼盘，一种是二手房。这两种类型的房源究竟选择哪一种更划算呢？其实尺有所短，寸有所长，有的人偏爱二手房的价格，有的人偏爱新楼盘的“新”。可以说二者各有利弊，互为补充，个中优劣，因人而异。

口才训练

客户：“你们这新房有点贵啊，我还是考虑考虑二手房吧，那还能少花点钱！”

房地产销售人员：“大哥，您说得对，要论价格的话，二手房更便宜些。但是新楼房和二手房就像是面包和蛋糕一样，两者没有可比性。他们两者各有优势，又有缺陷，究竟哪个更好，这要看您更倾向于哪方面的需求。”

客户：“买二手房更便宜一些啊！”

房地产销售人员：“是的，二手房的价格是便宜一些，但其户型老，房龄大。就房地产市场的监管力度而言，二手房的规范程度不如新房，所以个人交易的风险也会相应地增大。而新房呢，一则市场的规范程度更有保障；二则开发商的实力、信誉度、透明度更高，更便于购房者对其进行调查；三则新房的房屋质量相对于二手房更好一些；四则新房的建造年限更短，更容易观察质量的细节，当质量出现问题时，新房比二手房更容易通过协商或法律途径解决问题；

五则新房可以任由您选择自己喜欢的装修风格。”

客户：“经过你这么一分析，看来新房也有很大优势啊！”

房地产销售人员：“呵呵，是啊，我说这么多，当然不是说二手房不好，只是说新房贵有贵的道理。总之，这世界上没有十全十美的房子，只有适合不适合自己的房子。我觉得这套房子不论是位置、户型，还是面积都非常适合您，就是多出点钱我觉得也挺划算的，毕竟它是全新的啊！”

客户：“你说的也是，花钱买个旧的，我心里也别扭！”

口才训练解读

在购买房屋的时候，很多人都看中了二手房价格便宜的优点，而动摇了购买新楼盘的决心。对此，楼盘销售人员应该怎么劝说呢？实事求是地阐述二手房的弊端，肯定新楼盘的优势是两个不错的说服角度。

二手房的弊端有 4 个。

1. 容易出现产权纠纷

有些离异的家庭，产权问题模糊，客户购买的时候还需要多花心思去调查。有的时候客户还会有房源抵押充公的担忧。

2. 过户麻烦

在现实生活中，很多客户已经付完房款了，可是过户手续迟迟办理不下来，严重影响孩子的上学问题。

3. 安全隐患

如果是年代较久的二手房，线路及电器设备等可能会有老化问题，会造成一定的安全隐患，如果重新更换会比较麻烦。

4. 装修花费大

有些装修风格客户不喜欢，但是如果二次装修的话，费用会比新房费用相对较高，一些装修公司不太喜欢装修二手房。

新楼盘的种种优势在口才训练中已经有了详细的阐述，销售人员在价格商议的时候可以参考上述口才训练加以引导。

口才训练点睛

当客户说“楼盘价格偏高，还是买二手房便宜些”的时候，房地产销售人员不妨“以楼盘之长攻二手房之短”。这样很容易让客户对楼盘和二手房树立一个客观的认识，从而使其不再偏执于二手房的价格。

口才训练 9：客户说“你们中介费太贵，能不能打个折”

客户买二手房需要支付三部分的费用：一是房价；二是相关的税费；三是中介费用。为了使自己的支出最小化，很多客户都会萌生中介费打折的念头。对此，房地产销售人员应该怎么办呢？

口才训练一

客户：“你们的中介费太高了，能不能给我优惠一点？”

房地产销售人员：“张阿姨，我理解您的想法，3% 的中介费确实不低。但您要知道，通过中介买房可以帮您省去很多的麻烦，也能节约您很多的时间和精力。因为这里有大量丰富的房源信息任您挑选。如果您自己找房子的话，由于获取的渠道有限，房源有限，找上半年说不定也碰不到一套合适的房子。

另外，您可能不知道，二手房交易是一项非常烦琐和复杂的流程，需要办理很多的手续。房屋估价、办理贷款、签订合同、产权过户等会涉及很多专业方面的知识，您在这个领域还不太熟悉，如果在办理的过程中出现什么差池，那损失可不是千儿八百那么简单。”

客户：“我不知道这些，我可以找一个熟悉的人帮忙啊！”

房地产销售人员：“张阿姨，您说得没错，如果有懂行的人帮忙是再好不过了。但是买房是一个很漫长的过程，找到一套合适的房子很不容易，您找的人总不能每天跟着您东奔西跑看房子吧？中介就不同了，我们对这个区域非常熟悉，掌握的房源信息也非常全面，能够根据您的要求提供匹配的房源，这样您可以省去了很多麻烦呢。”

客户：“你说的也有道理，的确你们也挺不容易的，花这些中介费也挺值的。”

房地产销售人员：“张阿姨，您真是一个通情达理的好人，能得到您的理解我真的很高兴，也很感激！”

口才训练二

客户：“中介费那么贵，可以给我打个折扣吗？”

房地产销售人员：“李大哥，我理解您的感受，很多客户刚开始的时候也觉得3%的佣金有点接受不了。但是经过我们解释之后，他们发现这个钱是值得花的，最后也都顺利地在我们这儿签了合同。”

客户：“哦？那你倒是说说看，这钱怎么花的值了？”

房地产销售人员：“俗话说，闻道有先后，术业有专攻。要论房地产的市场行情和房价，我们更为了解一些。二手房交易是一个极其烦琐的过程，一般不熟悉的人会很麻烦，但是对我们这些专业人员而言操作起来会很顺利、规范。委托我们，您不仅可以获得一系列的咨询服务，还能享受房屋估价、办理贷款、产权过户、签订合同等一条龙服务，这会让您省下更多的时间和精力，还能够避免您花冤枉钱。”

客户：“可是你们这3%的中介费也有点太贵了吧，听说××房产才收2%呢。”

房地产销售人员：“您说得没错，有些中介公司的中介费确实较低。不知道您对那家××房产了解吗？”

客户：“听说过，好像规模没有你们大。”

房地产销售人员：“是这样的，有些中介公司为了博得客户的眼球，确实存在低价揽客的行为。不过我也知道，您在乎的不是这点钱，而是希望钱花得有价值，能找到一套合心意的房子。您说是吧？如果他们的中介费低廉，服务却因此而打折，很长时间也为您找不到一个合适的房源，相信您也不会认可他们的，对吧？我的一位客户以前在别的中介也曾经找过房子，虽然那儿的中介费很便宜，但是房源太少，一个多月了也没带看几套房源，而且手续办理也拖拖沓沓，那个客户觉得不靠谱，所以后来找到了我们，不到一个礼拜的时间，他就买到了自己称心的房子。之所以有这么高的效率，依托的正是我们分布广泛的门店、丰富全面的房源信息和热情周到的服务。”

客户：“听你这么一说，好像有点道理。中介费贵确实有它贵的道理。”

口才训练解读

中介费过高是客户提出的很常见的一个价格异议，也是阻碍双方成交的一大障碍。作为房地产销售人员，要想成功化解这个异议，需要适时、准确地向客户阐述通过中介买房的优势，并且要让客户清楚地明白中介费的价值所在。在口才训练一中，销售人员就是用委托中介买房的好处化解了客户的这一价格异议。

如果客户要拿别的中介费用作对比，销售人员也不必惊慌。打折的价格往往意味着打折的服务。口才训练二中的销售人员就是从这个角度出发，引用一个真实的口才训练加以劝说的。当客户明白“中介费贵确实有它贵的道理”时，这个价格异议自然也就不攻自破了。

当然，化解客户此类价格异议的时候，销售人员还需要站在客户的立场上，首先表达对客户的理解和尊重。只有先肯定了对方的感受，充分理解了他们的想法，才能拉近彼此间的距离，从而为后续的说服工作奠定良好的感情基础。

当客户说“你们中介费太贵，能不能打个折”的时候，作为房地产销售人员最忌讳的就是以下三种回应方式。

1. 告诉客户这个中介费用可以协商

这样说客户非但不会感到高兴，反而会觉得中介费里的水分真的不小，讲价的空间也很大。当然，房地产销售人员也会因此而陷入与客户讨价还价的被动局面。这破坏了正常的竞争环境不说，还会严重影响自身和公司的正当利益。

2. 简单直白地告诉客户中介费用不贵

贵有贵的道理。如果房地产销售人员仅凭这样一个简单的回答试图化解客户的异议，那是不可能的。

3. 告诉客户没经验会被骗，这比支付中介费更不划算

“没有经验”“容易被骗”说的虽然是实情，但这样直白的话也质疑了客户的智商和能力，很容易伤害到客户的自尊心。

口才训练点睛

当客户提出中介费用过高的质疑时，销售人员不妨为其列举几个反面的事例，使其认识到中介费用的价值所在。比如，客户自己私下成交手续出现纰

漏、假业主卷款潜逃等。当然，销售人员还可以从节省客户时间成本的角度向其灌输“物有所值”的概念。等到客户真正认识到中介费用的价值，他也就会慢慢打消中介费折扣的念头。

口才训练 10：业主说“少于 ×× 万元免谈”

在讨价还价的过程中，销售人员面对的不仅仅是客户的价格异议，而且还有来自业主的价格难题。有些业主比较强势，在谈价的过程中，一出口就丢一句没有商量余地的话：“少于 ×× 万元就不要同我谈”。

业主之所以有这样的价格要求，其原因大致可以分为 3 种：一是业主是个有钱的主儿，不想花太多的时间精力来谈价，直接开出自己的底价；二是业主在故弄玄虚，目的是把房价提到他理想的那个高度；三是有其他中介在同他谈价，业主想以此来稳定售价。针对业主这样的价格异议，销售人员应该怎么办呢？

口才训练一

房地产销售人员：“王大姐，您好！我是 ×× 房产的小李，今天上午有位客户看中了您的房子，他想以 185 万元的价格买下，我同他说了 188 万元是您的底价，但是他觉得这个价格有点贵，想要您再让一步。”

业主：“小李啊，老实说，我现在并不缺钱，你告诉那个客户没有 188 万元免谈。”

房地产销售人员：“王大姐，我知道您的经济状况很好，只是我的这位客户真的很有诚意，您看是不是可以再降一点？”

业主：“不行，这已经是我的价格底线了，没有 188 万元不用找我谈。”

房地产销售人员：“王大姐，是这样的，因为这位客户之前也在××公园附件相中过一套类似的房子，现在这两套房子对他来说各有利弊，他一时之间也难以抉择。他同我说要是您这边185万元能卖，就直接放弃另外一套，直接买您这套。毕竟找到一个合适的买家也不容易，您说是吧？”

业主：“他说的那个价格太低了，如果他真的有诚意买，你让他出高点。”

房地产销售人员：“不知道您愿意降多少呢，我跟他说一下，让他也再提一点。”

业主：“最少187万元，要是再低的话就免谈了。”

房地产销售人员：“王大姐，您看能不能再少一下，因为客户说他能承受的最高价也就185万元。这样还有2万元的差距呢，可能很难谈得拢，您看这样行不行，我再好好跟他说说，看他能不能多加5000元。”（继续同业主谈价，其实客户还价186万元。）

业主：“你也不用再说了，我最多再降5000元，186.5万元，他要是觉得还不行，那我就不卖了。”（业主表现出了不耐烦，不愿再谈价。）

房地产销售人员：“好，我再和那位客户争取争取，希望能成交。”（转向与客户谈价。）

口才训练二

房地产销售人员：“李大哥，您好！我是××房产的小张，今天上午我带去看房的那位客户觉得您的房子还不错，还了155万元的价格，我告诉他您的最低价位是159万元，但是他坚持要我来向您争取争取，看看您能不能再降降价？”

业主：“我现在并不缺钱花，少于159万元咱们就没有谈的必要了。”

房地产销售人员：“李大哥，我的这位客户是真心想买您的房子，他之前也碰到过和您这套面积和格局相似的房子，但他告诉我如果这套能谈到 155 万元，就直接签您这一套，那套就不考虑了。您看，既然他这么有诚意，您是不是也应该让让步？”

业主：“155 万元哪算什么诚意啊？前天 ×× 地产的小李带过来的客户，一开口就给我 157 万元，人家这才叫诚意。”

房地产销售人员：“哦，是这样啊。那行，我回去把这些话告诉他，看看他能不能再加点价。不过你们的价格相差太远，可能很难谈得成，您看您能不能少一点，我把您的心理底价告诉他。”

业主：“159 万元，少一分都没商量。”

房地产销售人员：“好的，李大哥，我再和客户谈谈，如果他接受不了，我再给您找出价更高的买家。”

口才训练解读

当业主说“少于 ×× 万元免谈”时，房地产销售人员应该首先要摸清业主的真实意图，他真的是退无可退，还是故弄玄虚，抑或是为了稳定售价。

为了搞明白业主的真实意图，销售人员可以像口才训练一那样，先故意还一个较低的价格。如果业主没有表现出急躁或者愤怒的情绪，那么说明业主还有降价的可能性。如果业主态度强硬，底气十足，没有松口的迹象，甚至透露出还有别的买家，那么销售人员就要及时调整方向，为客户寻找新的房源，并介绍出价更好的客户来关注此套房源。否则，如果你一味地要求业主降低，那么最后你一定会错失这个房源。

当业主在价格谈判中“咬定青山不放松”的时候，房地产销售人员切忌先同客户谈价，以期谈到业主指定的价格，再去找业主商谈。但一般这样的做法是行不通的。讨价还价是你来我往的一个过程，如果单方面地要求客户提价，恐怕客户的承受能力很难达到业主要求的那个价格高度。

当然，遇到这种情况，销售人员也不可以轻易放弃原来的客户，直接为业主找新的客源。这样会被业主牵着鼻子走，处于非常被动的地位。

口才训练点睛

当房地产销售人员遇到在价格方面表现强硬的业主时，首先应该试探出业主真实的意图，然后再决定继续与他砍价还是为其另择买主。总之，在化解业主价格异议的过程中，销售人员一定要掌握谈价的主动权，千万不要被业主牵着鼻子走。

口才训练 11：签约在即，业主坐地起价

在二手房交易的过程中，有时候会出现这样的情况：签单在即，买卖双方本来已经协商好成交的价格，但业主由于受到某种原因的影响突然要求提价。这个时候，多数买家是不会买账的，尤其是不着急买房的客户。但是业主的坐地起价对于销售人员而言无疑是一个很大的麻烦。在如今这个竞争激烈的房地产市场上，错过这次成交的机会，以后三方还有没有新的合作机会，这对销售人员而言还尚未可知呢。那么，销售人员应该如何处理业主坐地提价呢?

口才训练一

业主："我改主意了，之前的那个 152 万元太亏了，现在少了 160 万元不卖。"

房地产销售人员："张太太，您也知道，您的房子我来来回回带了不下几十个人来看过，费了很大劲儿才说成 152 万元。您现在为什么突然又想提

价呢？”

业主：“不是我故意为难你，而是我觉得那个价格实在是太便宜了，这房子地段这么好，而且其他中介也带了很多客户来看房，很多人都觉得它不错呢。”

房地产销售人员：“您也知道，现在和您洽谈的李先生是一个爽快人，他觉得您的房子不错，所以当您提出的首付50%，他也二话没说答应了。而且，他刚才还打电话告诉我已经准备好诚意金了呢。张太太，您看您这边就不能降一点吗？”

业主：“152万元我就太亏了，不如这样，我再降一点，你让他也再给我加一点，咱们156万元成交吧。”

房地产销售人员：“知道了，那我先跟客户说说，等下再电话联系您。”

口才训练二

房地产销售人员：“刘大哥，您下午4点方便吗？有时间的话咱们一起坐下来把购房合同签了吧。”

业主：“时间是有啊，但是价格我得提一提，126万元太少了，我现在要132万元。”

房地产销售人员：“刘大哥，怎么一下涨这么多呀？”

业主：“不是我故意为难你，而是我觉得那房子卖126万元的话我自己有点亏。而且，其他中介也带了很多客户来看房，有的买家出价比这个还高呢。”

房地产销售人员：“哎，这下可糟了，看中您房子的这位客户本来是要打算出国留学的，这次他买房子主要是想给父母住的。因为行程比较紧迫，所以他也没多砍价。那位客户的机票都已经订好了，首付的钱也准备好了。您现在一提价，看来这桩交易是不行了，我得给他另外找一套条件差不多的房源了。

刘大哥，说实话，现在咱们这个城市涌现出很多新的楼盘，考虑二手房的人也不太多了，您那边就不能再考虑考虑吗？”

业主：“那这样吧，咱们都各自退一步，就129万元。如果再低于这个价格，我就真的不能答应了。”

房地产销售人员：“那我先跟那位客户再争取一下，如果他能同意的话咱们就赶紧签约。”

口才训练解读

当业主突然提出要涨价的要求时，房地产销售人员不能贸然将业主提价的消息如实告诉客户，这样会使得客户认为业主是在坐地起价，根本没有出售的诚意。这样客户非但不会加价，而且有可能一怒之下再找新的房源。当然，对于这样的情况，销售人员也不能直接批评业主的提价行为，毕竟房子是他的，房价涨跌与否，他都有权利做主。

对于业主这样的价格异议，聪明的房地产销售人员一般都会先找业主进行沟通。此时，讲述自己之前所付出的努力（时间和精力）是催发业主亏欠心理最好的武器。此外，在沟通的时候，销售人员还可以借助一些事例，唤起业主的危机意识。比如，告诉业主之前也有此种情况出现，但之后该房源在两三个月内无人问津，最后业主不得不再重新降价。这样一来，业主会浪费出售的好时机，也会浪费很多不必要的精力。

当然，化解此类价格异议，销售人员也可以像口才训练一那样，宣扬买家的经济实力（爽快接受50%的首付款），给业主一种可遇而不可求的感觉。也可以像口才训练二那样处变不惊地使用欲擒故纵之计让业主松口。

口才训练点睛

签约在即，当业主突然提出涨价的要求时，一定不能慌了手脚。作为买卖的中间方，销售人员需要在最短的时间内找到应对的方法。一般来说，列举事例激发业主的惜失心理；欲擒故纵，另谋新的房源都是化解此类价格异议的好方法。

口才训练 12：业主和客户谁也不想在价格上让步

在销售活动中，业主想以最高的价格出售，而客户则想以最低的价格买进。在讨价还价的过程中，假使客户不肯提价，业主不肯降价，二者的价格悬殊相差甚远，那么身为中间方的销售人员应该怎么做才能撮合买卖双方达成共识，以顺利完成交易呢？

口才训练

（针对业主。）

房地产销售人员：“肖小姐，您好，我是 ×× 地产的小王，您那套 ×× 花园的房子现在的标价是多少啊？”

业主：“155 万元啊，这个价我不能再低了。”

房地产销售人员：“您一个月前是这么跟我说的，但是这样的价格确实太高了。在这段时间里，只有一个人看了您的房子，其他人都被您的价格给吓住了，所以我想了解一下您现在是不是有了些调整。”

业主：“是吗？我觉得房价不是一直在上涨吗？我的要价一点也不高啊！”

房地产销售人员：“房价其实跟股票有很多相似之处，同样的信息、同样的形势，看涨看跌的人都有。肖小姐，房地产短期内价格确实不会跌太多，但由于国家宏观政策的调控，目前买房的人不会太多，大家都在观望。在这种不利的形势下，您现在这个报价还是降一降吧，我劝客户也提提价，只要双方稍微让一让，咱们就能够早日成交。俗话说夜长梦多，时间拖得长了，即使房价不下跌，单是房贷利息也是一笔不小的支出。”

业主：“话是这么说，可是我的房子也不能太便宜了啊！”

房地产销售人员：“肖小姐，那您觉得多少价钱合适呢？”

业主：“154 万元，这是我的底线了。”

房地产销售人员：“哦，您二位的出价还是有一定的差距。这样吧，肖小姐，我再和客户谈谈，看看客户能不能提点价。”

业主：“好的，你让他多提点，我这房子地理位置这么好，再便宜真的就亏了。”

（针对客户。）

房地产销售人员：“王先生，上周看的 ×× 花园的房子，您考虑得怎么样了？”

客户：“154 万元太贵了，我承受不起，我最多出 152 万元。”

房地产销售人员：“王先生，那套房子各方面和您的要求非常接近，看得出您也挺喜欢的。这一带优质的房源本来就不多，现在刚好有这么一套，而且正好合乎您的心意，真的很难得啊！”

客户：“可它周围的绿化环境也不太好，152 万元差不多了。”

房地产销售人员：“王先生，这套房子虽然植被覆盖率低，可是它所处的位置好，出门就是公交站和地铁站，您上班也就是三五站的路程。再加上房子又坐南朝北，无论是采光还是通风都非常好。也许您还不知道，已经有几个客户在准备看这套房了，如果您再不提提价，或许业主会卖给出价高的买家。”

客户：“这样啊，那你再和业主谈谈，看看能不能降一点。如果合适，我就买了。”

房地产销售人员：“王先生，152 万元肯定是不可能的。这样吧，您再加点价，我再和业主争取一下。”

客户：“那你先去谈，看他 154 万元卖不卖，实在不行就算了，再多我也买不起了。”

房地产销售人员：“好的，王先生，我再尽量帮您和业主讲讲价！”

口才训练解读

在目前房产市场火热的形势下，业主们守价的心比磐石还坚定，可是这个时候客户也不示弱，他们也不愿意有丝毫的退让。那么，夹在中间的销售人员应该怎么做才能促成这一笔交易呢？此时，最好的办法就是分头行动，各个击破。

对待业主，销售人员可从房屋缺点、同类比较、市场行情及趋势、看房者少等方面来说服业主降价。这样可以起到打击业主自信心的作用；当然，委婉地指出房屋的缺陷，也是迫使业主降价的一个好办法。

对待客户，销售人员最行之有效的办法就是抓住客户的关注重点，找出房源的独特优势，激发客户的购买欲望。同时，可以在带客户看房时，约其他客户一起看房，进而唤起客户的危机意识，使其不断加价。

此外，销售人员需要注意的是，在用房屋的缺点来说服业主时一定要注意说话的分寸，切勿让过分的言论伤了业主的自尊，从而使其产生抗拒心理，这样不利于交易的进行。另外，也不要以客户家庭条件差为由逼迫业主降价，要知道业主不是慈善家，他们一定不会因为这个理由而让步。最后，销售人员在说明房子紧俏的时候，一定要留意客户对这个房子的喜爱程度，倘若客户觉得房子无关紧要，那么即便众人再怎么哄抢，也不会唤起客户的危机感，更不会让他做出加价的决定。

口才训练点睛

在遇到业主和客户同时不让步的情况时，房地产销售人员一定要懂得分而治之、各个击破的道理。只有买卖双方同时让步，才能使双方较快地达成一致的价格协议。倘若仅仅要求一方让步，那么这个差价很难填平。

口才训练 13：夫妻一起来商议价格时不可厚此薄彼

当房屋销售进入了议价环节时，销售人员很有可能面临“一对多”的不利局面。为了能够以最优惠的价格买到房子，很多客户携家带口，轮番上阵，打算与销售人员在价格大战中一较高下。这时候销售人员应该怎么做才能腹背兼顾，并且保证买卖双方和自己同时实现共赢呢？

口才训练

一天，客户李先生带着自己的妻子范女士一起来到了 ×× 房产公司商量房子的价格问题。负责接待的销售人员赵磊看见两口子都出马了，不免暗暗为自己捏了一把冷汗。不过好在赵磊事先做足了功课，也摸清楚了对方的基本情况，所以他渐渐地平静了下来。

赵磊：“范姐，李先生之前了解过这套房子，对房子各方面的条件都还挺满意的，不知道您觉得怎么样？”

范女士：“嗯，这房子各方面的条件都还不错，就是价格有点贵，我们家里只有我老公一个人赚钱，承担不起那么多。”

李先生：“对啊，小赵，你就和业主再商量商量，给我们降降价。”

赵磊：“大哥，相信你们也知道，40 万元已经是业主的底线了。这也是我向业主争取了好多次才勉强同意降到这个价位的。您看这房子地理位置多好啊，它处在 ×× 路和 ×× 街的交叉路口，您平时出行，不管是公交还是地铁都非常方便。而且最重要的是，周围的配套设施非常完善，教育、医疗、购物、娱乐、饮食一应俱全。您以后要是住在这儿，所有的生活需求都能满足您，这样成熟的生活区域可不多见啊。”说完，他微笑着把视线转向了身边的范女士。范女士听他这样说，也只能不住地点头称是。

李先生：“话是这么说，但是我们准备的钱本来就不多，要是价格上不能再优惠一些，我们恐怕买完房就得喝西北风了。”

李先生说完，范女士看了他一眼，也连声附和起来。

赵磊：“这个价格真的不能再少了。上个月我们在这个小区也成交了一个二手房，户型、面积和咱们这里的差不多，不过离马路很近，都以 42 万成交的。您也知道靠近马路灰尘多，噪声也大。而您这房子处于小区的中心，避免了这些问题，所以这个价格一点都不亏。

我知道您一次性付全款的话，会比较困难，我建议您家可以考虑按揭贷款。李先生年轻有为，工作能力又强，贷个二三十万几年就还清了，对吧？”

李先生：“那容我们俩再商量商量。”接着，两人站在一起讨论起来……

30 分钟之后，李先生代表一家人正式表达了贷款购买的决心，并且和销售人员约好了签约的时间。

口才训练解读

俗话说，夫妻同心，其利断金。很多时候，销售人员会碰到夫妻议价的销售场景。在讨价还价中，销售人员如果碰到这样的情况也不必过于担心。通常情况下，经济地位决定家庭地位。从口才训练的描述可以推断，李先生应该是整个家庭的决策者，所以销售人员将说服的重点对准了这位决策者。

不过，他也没有完全冷落同来的范女士。在交谈刚开始，他还特意询问了一下范女士对于这个房子的看法。在说服客户接受房子价格的时候，他还微笑着把视线转向了身边的范女士。这些微小的举动都给予了这个附和者充分的尊重。因此，当夫妻二人私下商议的时候，范女士并没有给这次商谈设置过多的障碍。这一点，从范女士的表现以及商谈的结果就可以看出来。

房地产销售人员在面对一对二的价格商议时，应该如何兼顾到客户夫妻双方呢？

1. 分清二人各自扮演的角色

一般来说，手握家庭“财经大权”者说话分量重，也是销售人员真正的衣食父母，因此，销售人员在商讨价格的时候把着重点放在手握“财经大权”的决策者身上。另外，对于他的附和者和参谋者，也不可怠慢，否则这些附和者的负面意见也会影响最后的议价结果。

2. 以大局为前提，从薄弱环节入手，各个击破

在价格商议中，销售人员要学会察言观色。先从薄弱环节入手，获得价格认同感，然后借着高涨的士气再去说服其他人。

口才训练点睛

在价格商议中，把握好说话的战略战术非常关键。为了改变势单力薄的不利局势，销售人员首先要正确辨认出家庭的决策者，然后把说服的重点放在决策者身上，同时还不可忽略身边的附和者。当然，销售人员还可以采取先易后难的议价战术，先从薄弱环节入手，各个击破。这两种议价战术并不矛盾，销售人员在使用的时候要根据实际情况，灵活运用。

口才训练 14：通过讲事例打消客户的犹豫心理

有时候，通过前期的沟通和介绍，客户基本上已经认可了销售人员，也认可了房源。但出于价格的异议，他们仍犹豫不决。对于客户的这种担心和犹豫，其实销售人员也应该理解，因为毕竟房子花的是他们一辈子的积蓄。如果客户还在因为房价而犹豫踟蹰，那么销售人员不妨通过讲事例的方式打消客户的疑虑。

口才训练

客户："这个房价有点高，我还需要考虑考虑。今天还有点事，我先走了，关于房子的事情，咱们以后再聊吧。"

房地产销售人员："赵大哥，我想确认一下您是否对这套房子满意。"

客户："嗯，我跑了好多房地产公司，就觉得你们推荐的这套房还比较合我心意。"

房地产销售人员："我建议您如果真的喜欢，就赶紧预订下来吧，否则再迟几天，这套房子恐怕就轮不上您了！前一段时间，有个客户以多出您 1 万元的价格要买，被业主回绝了。本来业主卖不到他理想的价格是不打算撒手的，可是无奈这几天他妻子突然生病了，需要尽快做手术，业主为了尽快筹钱迫不得已才答应降价出售。此时，原来的客户已经又找到了新的房源，所以您才有机会看这套房子。"

客户："哦，这样啊。"

房地产销售人员："是啊，这套房子处在繁华地段，各方面生活条件非常成熟，非常稀缺，好多人都盯着呢！今天下午我的一个同事也打算带五六个客户看房呢！万一他们当中有人看上了，那性价比这么高的房子可就不属于您了！所以为了保险起见，您还是趁早订下来吧。”

客户：“没想到这房子这么抢手啊！我现在和我老婆打个电话，让她一会送来诚意金，把这房子给我们预定下。”

口才训练解读

有些购房客户性格比较优柔寡断，面对如此一大笔开销更是小心翼翼，生怕吃亏上当。客户这种犹豫徘徊的举动会影响交易的进度，降低销售的效率。为此，销售人员不妨利用讲事例的方式打消客户心中的价格顾虑，从而使其踏踏实实成交。

口才训练中的销售人员就是这样做的。他首先讲了一个成交未果的事例，道出了业主降价的真实原因，同时也暗示了客户得拿到现在的房价实属侥幸。这样就有力地化解了客户对价格的不满。其次，销售人员还说出了多人看房的事实，目的是凸显房源的价值，营造房源的稀缺性，以此来说服客户快速成交。果然，多重药剂发力，客户立刻答应交付定金。

销售人员在使用故事化解客户的价格异议时，最好列举客户亲身经历或者亲眼目睹的例子，这样说服力会更强一些。另外，销售人员所选择的事例必须有很强的针对性，并且与客户有某种关联。举个例子，假使客户看中的是大户型的房子，但房地产销售人员却一直列举小户型房子销售火爆的一些例子，这样对客户的吸引力就不够大，自然也起不到理想的说服效果。

当然，为了增加事例的可信度，销售人员在讲述的时候不可夸大事实，信口雌黄。比如“这类户型的房子买的人可多了，我们开盘不到一周，一些经典户型还没卖完，这种朝向的户型就被客户以每平方米 5 万元的价格哄抢了，现在我们这儿卖得已经只剩下两三套了。”这种看着就很虚假的话，客户是一个字都不会相信的。

最后，为了保证事例的流畅性和可信度，销售人员需要事先搜集和整理好所讲事例的素材，在平时多练习几遍，这样才能在讲述的时候不疾不徐，有条不紊。

口才训练点睛

房地产销售人员在利用事例打消客户的价格异议时需要遵守客观性和真实性原则。此外，所讲述的事例必须有很强的目的性，这样才能增加客户的信任度。另外，最重要的一点是，在讲述老客户或者业主的事例时，要注意对他们的隐私加以保护，姓名、家庭成员、上下班时间、收入、具体职业和工作单位等重要信息都不可泄露。

第六章　嘘寒问暖，售后服务切实准确到位

良好的售后服务是树立公司品牌和传播公司形象的重要途径，也是提升公司竞争力的一大重要因素，因此销售人员需要充分认识到售后服务的重要作用。遇到客户的投诉要及时反馈，认真解决；碰到客户的抱怨要懂得巧妙疏导，及时化解客户的不满情绪；当客户产生顾虑时要耐心地为其答疑解惑，真正消除其内心的疑虑。只有这样才能赢得客户的口碑，为自身和公司树立良好的形象，从而为以后的业务拓展打好感情基础。

口才训练 1：成交后跟进的语言技巧

在客户签约之后，楼房销售即取得了较为圆满的结果。但这并不意味着销售工作的结束，售后服务同样也必不可少。房地产销售自身也不是“一锤子买卖”，一个好的销售人员必然会进行售后回访，这既是联系老客户也是挖掘新客户的绝佳机会。一个好的售后回访能让老客户如沐春风，销售人员决不能低估售后回访的强大效力。

口才训练

客户和房地产销售人员签订了购房协议，买妥了房屋，入住之后，房地产销售人员应登门拜访。

房地产销售人员：“赵先生，您好，今天我过来看看你们对于房子有什么意见？我是来做售后回访的。”

客户：“这房子不错，不过我们想找一家装修技术好一点的公司帮我们再装修一下。”

房地产销售人员：“我们单位就有装修团队，他们可以把咱家的屋子做得很漂亮。稍后啊，我把他们的电话号码给您。具体的事宜您和他们商定，保证质量一流。”

客户：“小伙子，你可帮了我大忙了。别走了，留下来吃饭。”

房地产销售人员：“不了，待会我还有事，你们对房子满意，那我就放心了。装修的事你们别着急，包在我身上。”

客户：“好的，小伙子，辛苦你了。”

房地产销售人员："有啥辛苦的，您辛苦工作了大半辈子买一套房子，我这不算啥，应该的。再见啦。"

客户："再见。"

口才训练解读

房地产销售人员在售楼之初直到签约，他们的热情或者关怀往往不会打动客户，因为这是他们的工作。但是，若是签约完成或者客户已经入住则明显不同，这时候的回访就是纯粹的关怀。销售人员在售后服务环节可以将就，也可以实打实地解决客户在楼房上存在的问题。长期保持联系、给予关怀是难能可贵的，这些细节很容易将新客户变成老客户，继而更有利于开展今后的工作。

上述口才训练中的销售人员就采用登门拜访的形式跟进成交的客户。这次的跟进帮客户解决了装修的问题。客户自然对于房地产销售人员心怀感激。所以这次跟进工作是有必要的，也是很有意义的。

一般售后跟进的内容包括：协助客户办理各种过户手续，如水、电、天然气、有线电视、户口迁出等。因此，销售人员的跟进语言可以围绕这几方面展开。当然，销售人员还可以帮助客户解决一些生活中的困扰。另外，在客户搬进去的那一天，一定要打一个电话，恭祝客户乔迁之喜。

口才训练点睛

成交后的跟进直接关系着客户对本次购房活动的满意程度，也关系着销售人员是否能获得客户的转介绍。因此，广大房地产销售人员一定要掌握好成交后跟进的一些内容和策略，为客户提供一些超值的服务，这样你才会收获到更多的客源。

口才训练 2：及时反馈客户的诉求

很多客户都有过这样的感慨：自己在买房之前销售人员表现得非常殷切热情，待买房之后就变得敷衍或者冷漠。其实这是一种不明智的行为，这种急转直下的服务态度无异于釜底抽薪，自断后路。

在聪明的销售人员看来，签完合同之后，对客户的售后服务同样也很重要。客户有什么样的诉求，有什么样的不满，销售人员只有及时反馈，积极处理，才能为后续的转介绍创造可能。可以说，优质周到的售后服务是拓展客源和收获房源的关键所在。

口才训练

客户：“小王啊，之前我托你打听的事儿有答案了没？明明说好的月底交房，到现在已经推迟了 10 天了，这业主到底什么时候能交房啊？”

房地产销售人员：“孙小姐，不好意思，您先坐！关于您交房的这个诉求我已经打听了。”

客户：“那业主到底怎么说啊？合同里白纸黑字可都是写好了的，他要是再这么拖着不交房，是要赔我违约金的。”

房地产销售人员：“真的很抱歉，看您迟迟不能入住，我也挺着急呢！是这样的，昨天我和业主已经通过话了，他的意思是希望您能再通融几天，因为他目前手头上有一个非常急的项目需要跟进，每天忙得只能睡几个小时，根本没有时间搬家。希望您能理解一下，再等他二十来天，他表示愿意支付您这一个月的房租。”

客户：“哦，是这样啊，为了生活谁都不容易，我也能理解他。那我就跟房东商量一下，再续租一个月，一个月之后我无论如何都不能再等了啊！”

房地产销售人员：“太好了，真是谢谢您，您真是一个大好人啊！业主能找到您这么一个善解人意的好买主，也是一种福分啊！您放心，等他手头的项目一做完，立刻就给您腾房子。”

客户：“那还差不多，这事你得督促着点。”

房地产销售人员：“好的，没问题，包在我身上。谢谢您的理解。”

口才训练解读

面对客户提出的诉求，销售人员一定要积极反馈，认真倾听，妥善解决。不管是由客户自己的原因造成的，还是由业主的原因导致的，抑或是自己的工作不到位导致的问题，销售人员都不能充耳不闻，独善其身，否则不仅惹恼客户，而且会严重影响公司和自身的声誉和形象。

如果客户的诉求中带着怒火，销售人员还需要想方设法先抚平他们的负面情绪，然后再了解情况，积极协助解决问题。

口才训练点睛

作为一名房地产销售人员，应该时刻谨记自己的责任，切实准确地为客户提供好售后服务。当客户提出诉求时，不可推脱责任，让其自行解决，否则这样的做法会造成恶劣的影响，给销售人员和公司以后的推销工作带来难以弥补的信誉损失。

口才训练3：客户抱怨物业顾问老打“骚扰”电话

在日常生活中，物业顾问电话骚扰客户的情况时有发生，时间久了，客户自然会心生厌烦，忍不住向售后跟进的销售人员诉苦和抱怨。这个时候，销售人员应该怎么办呢？

口才训练一

房地产销售人员：“赵先生，您好，我是××地产的小夏……”（被打断。）

客户：“怎么又是××地产，你们公司是怎么回事，三天两头就给我来电话，真的很烦人啊！”

房地产销售人员：“真的很抱歉，又打扰您了，我这次打电话来正是为了这事。”

客户：“啥意思？”

房地产销售人员：“最近公司接到一些客户的反映，说有很多同事打电话问同样的问题，影响到了他们的工作。如果您也碰到这样的困扰，那我代表公司向您郑重地道歉。另外，为了杜绝这样的情况发生，我们公司近来正在改善客户信息安全管理及跟进管理方面的制度，严禁多个房地产经纪人轮番给客户打电话咨询，您以后不会再受到这样的困扰了。”

客户：“哦，那实在是太好了！”

房地产销售人员：“如果您在生活中碰到和房子相关的任何困惑，都可以随时跟我沟通，我会竭尽全力为您提供帮助的。”

客户：“谢谢你啊，小夏。”

口才训练二

房地产销售人员：“李大哥，您好，我是××地产的张磊……”

客户：“你们这些人都是怎么回事啊？每天都要打电话来问我买房吗？我不是已经在你们这儿买过了吗？真是烦死了，告诉你们的人以后不要再打电话过来了。”

房地产销售人员：“打扰到您了，真的很抱歉，我会立刻把您说的这个情况向上级反映，公司也会即刻整改相关的制度，避免使您受扰。不过今天我还是希望能耽误您几分钟，告知您一些有关小区的规定。”

客户：“什么规定？你说吧！”

房地产销售人员：“是这样的，咱们这个 ×× 小区，它……”

客户：“哦，谢谢你告诉我这些啊！不好意思，我刚刚过于激动了，情绪不太好。”

房地产销售人员：“我能理解您，要是我被人天天骚扰，心情肯定也不会好的。您以后要是碰到类似的问题，一定及时跟我说，我会竭力为您解决的。”

口才训练解读

当客户抱怨物业顾问老打“骚扰”电话时，明智的房地产销售人员通常会认真倾听客户的意见，主动为客户提供解决问题的办法，从而有效化解客户的顾虑。不过，在解决问题之前，销售人员一定要首先平息客户的怒火，安抚他们的情绪。一般来说，诚恳态度、同理心思考可以有效化解客户的负面情绪，如口才训练一所示。

当然，在化解客户抱怨的时候，若是能给客户一些实用性的帮助，也可以顺利扭转客户对你的敌视态度。对此，口才训练二的销售人员的做法就是一个很好的借鉴。

遇到客户的抱怨，以下 2 种错误行为销售人员一定要避免。

1. 为了避免客户生气，不再打电话联系

唐代大诗人刘禹锡有句极富人生哲理的诗：“沉舟侧畔千帆过，病树前头万木春。”它告诉人们面对困难不能意志消沉，因噎废食。同样的道理，遇到客户此类的抱怨，房地产销售人员若是真的缴械投降的话，那么以后永远也找不到客源，也无法做成一笔交易。

2. 假借其他中介公司的名义给客户打电话

这种做法是一种短视的行为，一旦被客户识破或者被其他中介公司知晓，不仅有损于自己的职业道德，而且还会给你所在公司的形象造成难以弥补的信誉损失。

口才训练点睛

当客户抱怨物业顾问老打“骚扰”电话时，销售人员应该首先耐心倾听客户的意见，想方设法安抚客户的负面情绪；然后用真挚诚恳的语言表达对客户的歉意；最后找一些具有说服力的解决办法有效根除客户的顾虑。这样才能给客户留下一个很好的印象，以后即便他们身边有买房的客户，也会第一时间推荐给你。

口才训练 4：客户投诉没能准时解决

对房地产销售人员而言，客户投诉是很常见的一种现象。这些投诉有的是因为客户的误解而引起的，有些投诉是因为房子的质量问题引发的，当然还有一些投诉是因为销售人员自身的失误而引起的。不管是哪种因素导致的投诉，销售人员都应该抱着一个积极的态度，及时为客户解决问题。这是一个优秀的房地产销售人员必须具备的职业素养和要求。

口才训练

客户谢先生买了一套二手房。在买卖的过程中，业主表示房子的水、电、气全部交清，销售人员和谢先生信以为真，并没有过多的调查。谁料事后谢先生在装修房子的时候，收到催缴水费、电费的单子，而且全部都是房屋未出售前半年产生的费用，部分还产生了滞纳金。谢先生看后火冒三丈，把一肚子气全都撒在了买房时负责接洽的销售人员头上……

客户："你给我解释解释这是怎么回事嘛！房是交了，可是业主还欠人家一屁股的电费和水费，难道这些钱要我补上吗？你们当时怎么就没有好好调查一下呢？"

房地产销售人员："谢先生，您先消消气，前面就是休息区，先坐下喝口水。具体情况是什么样的？慢慢跟我说。"（将客户引离销售现场。）

客户："这房子我倒是搬进来了，可是业主至今还欠着人家一大笔的水电费呢！这件事到底怎么办？"

房地产销售人员："哦，谢先生，真是不好意思，这是我工作的失误，我没有尽到监督的责任。今天下午我会立刻打电话给业主，和他商谈解决这件事情，然后给您一个满意的答复。您看这样好吗？"

就这样，得到允诺的谢先生匆匆离开了。但是令他没有想到的是，5天之后，他仍然没有得到一个确切的答复。销售人员要么以忙为由推脱，要么说业主过几天就补齐欠款，要么就是不接电话。这让本来就憋着一肚子火的谢先生更加怒火中烧，他这次把投诉电话直接打到了经理的办公室。

客户："张经理啊，你们这中介公司还能不能讲点信用啊！前几天，我让你们这儿的小李给我……"

张经理："哦，原来是这样啊，难怪您生气呢，这事要搁在我身上我也和您一样愤怒。是我们公司的小李工作不到位，我代表他和业主向您致歉，给您带来这样的困扰，真是不好意思。我会按照公司规定严厉警告并且处罚这种行为的。除了水电，您入住之后对房子本身还满意吗？”

客户：“房子？哦，这套房子格局还不错，我在原来装修的基础上，又给它做了部分的调整，整体效果还挺满意的。”

张经理：“哦，是吗？那您真是一个有品位、有主见的人呢！相信通过您的整改，房子会变得非常有格调。”（平定客户情绪。）

客户：“经理，还是你会说话。刚才我也有些冲动了，你别介意。”

张经理：“没事，您发这么大火是有道理的。是我们的销售人员没有及时为您解决好问题。您放心，这次我会亲自打电话过问此事，今天晚上就给您一个确切的回复，保证您不再受这件事情的困扰。”

客户：“那就麻烦你了，帮我好好处理一下吧。”

张经理：“谢先生，您客气了，为客户提供完善的服务是我们唯一不变的追求。”

口才训练解读

通常来讲，新房交付前后，是客户抱怨和投诉的高发期。买房本来就花费了客户几乎毕生的积蓄，如果再买到一个不顺心如意的问题房，那心里的失落感势必会导致其滋生抱怨，提出投诉。对此，销售人员一定高度重视起来，并且及时为其解决问题，否则客户的不满情绪会快速提升，甚至会产生扩散效应，影响到其他客户对于中介公司或者销售人员的信任。口才训练中的销售人员就是因为没有及时处理客户的投诉所以才引起客户的极度不满，从而也为自己招来了领导的责罚。而张经理的解决方法则很值得借鉴。

面对客户的投诉，销售人员千万不要说一些推诿和否认的话，更不要觉得客户是在针对你。比如，客户：“我刚买的房子，入住后发现主卧室的承重横梁有问题。”

房地产销售人员：“真的吗？怎么可能呢？这房子验收的时候没发现问题啊。”

客户：“可是，它现在确实存在问题！”

房地产销售人员：“哦，承重横梁有问题啊，您去找过业主吗？这是他的房子质量有问题，与我无关。”

尽管口才训练中所涉及的这个问题不是房地产销售人员的直接责任，但是他也应该对自己负责推销的房子做好监督工作，这种赤裸裸的推卸责任的言辞很容易惹恼客户，容易引发不必要的纷争。

此外，客户在投诉的时候情绪难免会非常暴躁，但是销售人员千万不要因此而畏惧、逃避，因为这样懦弱的行为对事情的解决没有任何帮助，反而会加剧矛盾的产生。

客户：“我房子刚买没多久就漏水了，你说吧，这怎么办？”

房地产销售人员：“呃……是吗？这个……这个……我也不太了解，要不我找我们经理过来看看。”

对于上述这些错误的应对言辞，销售人员一定要避免。正确的应对投诉的方法应该是下面这样的。

1. 询问清楚导致客户投诉的原因

解决问题的第一步是弄明白问题的来龙去脉。客户投诉的具体内容多种多样，导致其产生不满的原因也是多种多样的。销售人员首先要找出“元凶”，然后才能进一步对症下药，有效处理。

2. 处理客户投诉的流程

（1）认真倾听，耐心安抚客户情绪。

伴随着客户投诉而来的，很有可能还有他的种种负面的情绪，如烦躁、失望、愤怒、激动，甚至破口大骂等。对此，销售人员需要遵守先安抚情绪，再解决问题的原则。此时的客户需要得到理解、尊重和重视。因此，销售人员最好站在客户的立场上表达对他们的理解和重视，这样才能使其很好地释放负面的情绪，从而在后期的沟通中变得更理智。

此外，在安抚客户情绪的同时，要记得把客户引到其他在场客户注意不到的地方，从而把负面的影响降到最低。通常来讲，安抚客户情绪的常用沟通技巧有以下几种。

“您别着急，咱们到那边坐下聊，您有什么问题，只管跟我说，我一定会竭尽全力为您解决的。”

“我理解您现在的心情，这样吧，您先把事情的前因后果告诉我，然后我给您想解决的办法，好吗？”

“难怪您这么生气呢，要是换了我，我也会和您一样发火的。”

“您别生气，休息室在那边，咱们到那里谈。我给您倒杯茶，您先消消气，房子出了什么问题，您详细跟我说。”

“关于这件事的处理，您有什么好的建议？”

“您来听听我理解得对不对，您说事情是这样的……您希望得到……我理解得对吗？”

（2）了解客户投诉的原委后，应提出恰当的解决方案。

了解客户投诉的详情后，就得给客户一个合理的交代了。一般来说，如果过错方是销售人员自己，那么就得谨慎权衡，必要时与上级沟通，确定可行的解决方案；如果是由客户的原因导致的问题，那么房地产销售人员也不能得理不饶人，更不能直接指责客户，最理智的做法就是给他一个“台阶”下。常用的沟通技巧示范如下。

“真是不好意思，这件事情是这样的……我们也有一定的过失，您看我们这样做行吗……”

“这主要怪我当时的介绍工作没有做到位，真是抱歉，情况是这样的……”

“这个问题我们在签约之前讨论过，可能当时沟通得不太好，导致您误会了，事情是这样的……”

（3）询问客户对处理结果的满意程度，监督执行。

提出解决方案或解释后，房地产销售人员首先要征求客户的意见，询问他们是否满意，是否有其他要求，这样的诚意和尊重更容易打消客户心底的怒火，当然也更容易促使问题顺利解决。如果客户对解决方案还比较满意的话，那么房地产销售人员就要监督解决方案的执行过程，对处理效果进行跟进，以确保客户对处理结果有一个较高的满意度。常用的沟通示范如下。

“我郑重向您承诺，这个事情在一个礼拜之内一定解决掉，您看行不行？”

“这两个方案，您更倾向于哪一个？”

“您觉得我们这样处理好不好？不知道您还有什么其他方面的要求吗？”

“关于这个解决方案，不知道您有什么样的看法？”

（4）做好客户的投诉记录。

俗话说，吃一堑，长一智。客户的每一次投诉都应该把它当作一次工作中的教训，好好记录和整理投诉的内容，分析投诉的原因，总结其中的经验教训，从而避免问题的再次发生，这样房地产销售人员和公司才有进一步的提升空间。

口才训练点睛

客户的投诉就像一把双刃剑，既给销售人员造成一定的麻烦，又给其带来一个成长的机会。遇到客户的投诉，销售人员应该用积极的态度寻求解决问题的办法，这样才能为以后的转介绍创造新的机会。

口才训练 5：应对客户退房的沟通技巧示范

导致客户退房的原因有很多，有的是因为房子的质量问题，有的是因为房价下跌，当然还有可能是客户自身出现了经济危机，无力承担购房的费用。总之，不管是哪种原因导致的退房，房地产销售人员一定要认真及时地为客户办理好相关的退房手续。

口才训练

客户张女士通过某房地产公司购买了一套二手房。当时买卖双方在合约里规定交房日期是 8 月 10 日，但是由于业主新房装修的时候出了一些问题，导致预计交房日期将延迟了 2 个星期。客户张女士看见自己买的房子迟迟没有拿到手，就心急火燎地找到房地产销售人员要求退房。

客户：“这业主到底还讲不讲诚信了？我孩子 9 月 1 日就开学了，我买房就是为了方便他上学，现在眼看着开学在即，这房子却迟迟不交付，你说这要是耽误了我孩子上学，该怎么弄啊？我不要这套房了，退了它我立马租个好点的房子。”

房地产销售人员：“张姐，您现在的心情我完全能理解。孩子上学的事情确实刻不容缓，谁都希望能顺顺利利的。您女儿是准备上小学一年级，是吗？”（倾听理解，转移话题。）

客户：“是啊。”

房地产销售人员：“我见过她一次，小姑娘长得真漂亮，而且看着乖巧可爱，到了新的学习环境，老师们一定会喜欢她的。”

客户：“呃……但是现在房子不能按时交付，她的上学就会受到影响。我现在也不指望业主能交付我房子了，你给我把这套房退了吧！”

房地产销售人员：“张姐，是这样的，最近业主一直在装修他的新房子，但是装修的过程中出现了一些纰漏，导致他不能按时交房，我也催过好几回了，他对此也表示很抱歉。”

客户：“抱歉有什么用啊？孩子上学的日子又不能推迟，房子又拿不到手，我只能退了买的房再拿钱租一个房嘛！”

房地产销售人员：“张姐，您看这事能不能再缓一两天，业主的新房快弄好了，他说只要再给他三五天的时间，一定能保证给您腾出房子。并且他也愿意为这几天的延误做一些经济补偿。”

客户：“他真的能三五天交房吗？”

房地产销售人员：“是的，他今天跟我再三保证了，如果三五天后不能交房，愿奉上双倍的赔偿。我希望您再宽限几天，虽然时间紧凑些，但是毕竟能赶得上您孩子上学。再说即便您退了房，这么短的时间内找一个合适的房子谈何容易！”

客户：“赔偿就不必了，那咱们就这么说好了，三五天后如果再拿不到房，我就真的退了！”

房地产销售人员：“行，没问题。我会加紧催促他的！”

口才训练解读

在处理客户退房的问题时，房地产销售人员首先应该准确了解客户退房的原因；然后想方设法安抚客户的负面情绪，就像上述口才训练中那样通过夸奖客户的孩子来抚平客户的不满情绪；待客户回归理智之后，销售人员就要动之以情，晓之以理，尽量避免客户做出退房的行为，并且为其寻找解决问题的办法。当然，如果客户执意要退房，销售人员也不能太阻挠，应理解并积极配合。总之，不管是否允许退房，房地产销售人员都要珍惜与客户之间建立的联系和信任，努力维持，不要随意破坏这种关系。

此外，在处理客户退房的过程中，销售人员不可以用坚决的语气否定客户。比如客户因为房子缩水要求退房，而你却说“我们没有违反合同，房子就不能退。”这样直接的拒绝会惹恼客户，进而加速其退房的进程。当然，销售人员也不能按照客户的要求立马退房，不管客户如何不满，销售人员还是需要争取一下的。

最后，需要注意的是，房地产销售人员一定要控制好自己的情绪。客户退房很有可能怒气冲天，说话也很不客气，但销售人员不能任性而为，不能受到客户情绪的影响，与客户针锋相对，这样只会让情况更加恶化。

口才训练点睛

当客户要求退房时，房地产销售人员要懂得先安抚客户情绪，再寻求解决问题的方法。在此过程中，销售人员不可以情绪化，不可以直接否定客户，更不可以对客户听之任之，不做任何的争取。

口才训练 6：解决客户担忧的“一房多卖”问题

当交易手续迟迟办不下来的时候，有些敏感的客户就会疑窦丛生，担心自己碰到“一房多卖”的情况。如果让客户看到自己已经签下来的房源还挂在中介门店里，那么他们更加会心急如焚，担心自己上当受骗。

因此，作为一名房地产销售人员，一定要及时检查盘源架上房源的广告是否撤下来了，看看网上发布的相关帖子是否做了相应处理，以免客户误以为经纪人正在一房多卖，从而引发不必要的误会。

口才训练

客户："你们办理交易手续的时间是不是有点长了，这都一个半月了，怎么还没有动静？"

房地产销售人员："张女士，您买房的时候用公积金贷款。按照惯例来讲，办公积金贷款需要3个月左右，现在才过了1/2的时间。我记得签合同的时候跟您说过这个事情，还请您耐心等待！"

第二天，客户又打电话。

客户："为什么这么长时间还不能交房，我一个亲戚比我早一个星期买的房子，他今天都收到房了。"

房地产销售人员："张女士，您上次也提过您的表姐买房的事，她的付款方式和您的不太一样，那种一次性付款的购买方式收房时间会更早一些。而您是公积金贷款，您也知道，按照合同规定，业主要收到全部房款才同意交房的。这种情况给您造成不便，请您谅解！"

第三天，客户上门投诉。

客户："你们这手续办得也太没效率了，而且我经常经过你们店门口，看见门口的房源架上还贴着我这套房的售卖信息，那套房不是卖给我了吗？你们怎么还挂在那里卖呢？"

房地产销售人员："不好意思，原来是这样。这是我们的工作人员的失误，真的很抱歉。我带您去我们交易部看一下，那套房子的主人已经改成您的名字了，只是公积金贷款还在进一步办理中。您看一下就放心了。"

客户看完房产证复印件后，再也不给销售人员打来质问电话了。

口才训练解读

在上述口才训练中，客户明明事先知道公积金贷款办理时间的长短，仍多次打开电话质问。由此可见，他投诉的真正原因并不是手续办理的速度太慢，也不是嫌收房的时间太长，所以即便销售人员给了他耐心的解释，但是都没有真正消除其内心的疑虑。终于第三次她忍不住道出了投诉的真正原因，于是销售人员讲明了事情的原委，纠正了工作的失误，也证明了她的新业主身份。这次对症下药，药到病除，真正消除了客户“一房多卖”的担忧。

当客户提出“一房多卖”的顾虑时，销售人员可以通过透明化操作，如“三方合约”、主动跟进办案程序等，从而让客户“等”得明明白白。此外，销售人员还可提供一些查询电话或者网址，让客户随时可以了解所购房屋的交易进度。当然，房屋售出之后需要及时撤回各种途径的宣传广告，以免客户多疑引发不必要的担心。

口才训练点睛

现在的房地产市场鱼目混珠，难免有投机取巧之辈扰乱市场秩序，败坏行业声誉。因此，面对客户“一房多卖”的质疑，销售人员应该多一些理解，多一分耐心。此外，房屋出售后各种后续的工作要及时跟进，以免客户产生一些不必要的误解。

口才训练 7：回访时多言赞美之词

在房产交易成功之后，很多的房地产销售人员对于买房客户不闻不问，这是十分错误的。房地产销售离不开销售人员的精明能干，也离不开销售人员的口才，但是还有一个容易被人忽略的因素，那就是客户资源。如何把和自己签订合约的客户转换成自己的资源是每位销售人员都应该做的功课。多言赞美之词，在售后服务中是一种常用的手段。

口才训练一

房地产销售人员："赵先生，您好，我电话回访您，打扰了。近来您家里的房子有什么问题吗？"

客户："谢谢关心，暂时挺好的，没发现任何问题。"

房地产销售人员："赵先生，如果发现什么问题您可以随时联系我。"

客户："谢谢，好的。"

房地产销售人员："赵先生，我特别佩服您，如此年轻就事业有成，全款买了这么大的房子，真是青年才俊。"

客户："哪里，哪里，过奖了。"

房地产销售人员："好，那就先这样，回头再联系。"

客户："嗯，好的。"

口才训练二

房地产销售人员："马女士，您好，我是 ×× 售楼中心的售楼员，我来做一下售后访问。"

客户："你好，我这个房子住着还挺舒服的，不知道你要怎么做售访啊？"

房地产销售人员："您好，对于房子有任何的意见都可以提，有什么意见我都可以帮您解决。"

客户："房子目前没发现什么大毛病，真得感谢你，当初让我买这套房子。"

房地产销售人员："那是您聪明睿智，和我们没啥关系的。"

客户："可不能这么说，当初多亏了你帮我选的这套房子，我自己在售房市场看了好多都不如你给我推荐的这个，有空请你喝茶。"

客户："谢谢，好的。"

口才训练三

房地产销售人员："张先生，我是××售楼处的售楼人员小张，现要对您做一个售后访问。"

客户："嗯，好。如何访问呢？"

房地产销售人员："这套房子非常抢手，昨天您刚买完它就涨价了，您真是幸运啊。之前那些犹豫和观望的都纷纷给我打电话提出购买的请求。恭喜你做了正确的决策。"

客户："哈哈，过奖了，多亏你的推荐啊！不然我去哪里找这么好的房子啊。"

说完，两个人都会心地笑了。

口才训练解读

在房地产销售人员进行售后服务的时候，先简单地询问房子的情况，若是房子存在某些问题，则给予针对性的解答或解决办法。若是房子没有问题，就和客户聊聊——多去夸奖客户的优点。客户也能够体味到你的售后服务不但给了自己的房子一份保障，同时对自己也是一份认可，也会带给客户一份好心情。客户的需求有些时候也是他身边人的需求。例如，客户为自己的儿子置办婚房，那么客户的许多朋友或许也会有这个需求，售后服务的本质就是为了扩展新客户，而这些新客户很多就来自买房的老客户的推荐。

口才训练点睛

房地产销售人员在进行售后服务的时候，要注意步骤，分清主次。主要的目的是回访，帮助客户解决入住前后的楼房问题（质量问题、装修需求等），若是不存在什么问题，那就对客户说几句赞美的话，不要低估了赞美的力量，它相较于单纯的表示感谢要强大得多。销售人员仅仅是谢谢客户就显得不够正式，准备明显不足。此外，单纯说谢谢也不会给客户留下深刻的印象。

口才训练 8：咨询客户的需求扩展个人业务

美国销售人员乔·吉拉德在漫长的推销生涯中总结出了一套 250 定律，意思是指每一个客户背后都站着 250 个准客户。为了拓展自己的个人业务，房地产销售人员需要从现在的老客户入手，询问他们的需求，给予其最真诚的帮助，以此来换取老客户的好感和信赖，进而为转介绍奠定良好的感情基础。

口才训练

房地产销售人员："张姐，怎么样，孩子上学的事情办得还顺利吧？"

客户："哦，办好了。现在孩子上个学可真麻烦啊，需要准备的证件有一大堆，多亏你一一提醒了我，要不然这个入学手续不会办得这么顺利。"

房地产销售人员："张姐，您客气了。看您儿子这股聪明机灵劲儿，到了一个新的环境一定还是第一名。"

客户："哪里，你过奖了。"

房地产销售人员："张姐，上次您提到您的一个邻居也有买房子的打算，是不是？"

客户：“嗯，是的。”

房地产销售人员：“现在咱们正好有一套房子，业主因为工作调换的关系需要到另外一个城市生活，所以这套房子急售，出价也非常低，另外还赠送入室花园呢，您看能不能帮我介绍认识一下您邻居，过来看看房呢？”

客户：“这个优惠真有吸引力，我帮你给他打一个电话吧。”

房地产销售人员：“您真是个热心又讲义气的人，太谢谢您了。”

口才训练解读

客户转介绍是房地产销售人员拓展个人业务最主要的方法。如果客户对销售人员的服务非常认可，那么他就很愿意把这次快乐的体验分享给他身边的潜在购买群体，这样房地产销售人员的销售机会和成交概率都会大大增加。上述口才训练中的销售人员就是从老客户的需求出发，帮助其顺利解决了孩子上学的问题，这种体贴入微的服务获得了客户高度的认可，所以她才愿意将自己的邻居推荐给销售人员。

当然，房地产销售人员在扩展个人业务的时候一定要避免犯以下几种错误。

1. 强迫客户转介绍

房地产销售人员：“张大哥，听说您表哥最近有买房的打算，您能把他的电话号码告诉我一下吗？”

客户：“不可以的。”

房地产销售人员：“没关系嘛，我不会随便骚扰他的，更不会说是您告诉我的，您就帮帮忙嘛！”

客户：“不行，这个我得提前征求他的意见，否则我不能乱说。”

转介绍一定是客户自愿的，销售人员千万不可强迫客户违背他做人的底线，毕竟电话号码是人家的隐私，如果销售人员强行索取的话，一定会影响双方已经建立的良好关系。

2. 说话的功利性不要太强

房地产销售人员：“张女士，您有什么朋友正想买房吗？我现在手里正缺客户呢。”

客户：“不好意思，我不认识什么买房的人，你还是自己想办法吧。”

这样赤裸裸的话会让客户感到极不舒服，有一种被销售人员利用的感觉，所以他们自然不会答应你转介绍的请求，更不会给你什么好脸色。

在拓展客源的时候，房地产销售人员需要注意以下几个说话的要点。

第一，多说一些引发客户好感的话

转介绍有一个很重要的前提，充分建立客户的好感和信任度。因此，为了达到这一目的，销售人员可以从客户感兴趣的话题开始聊起。当然，还可以投其所需，满足客户某方面的需求，这样他才会把你当朋友一样看待。碰到你有什么需求，他也会帮助一二。

第二，转介绍的话要主动讲出来

一个好的房地产销售人员一定是一个积极主动，敢于争取的人。不过主动并不意味着莽撞和无礼，转介绍也需要讲究策略。以自然的神态和诚恳的语气向客户主动请求转介绍，更利于达成拓展客源的目的。

第三，强调转介绍的利益

有形或无形的利益可以给客户带来很强的愉悦感，所以销售人员在坚定客户转介绍的决心时，需要带着利益跟客户说话。

口才训练点睛

有人把老客户比作一个矿，只要房地产销售人员善于开采利用，一定会从中得到源源不断的油。如何才能更好地“开采利用”呢？相关的沟通禁忌以及注意事项一定要牢记在心，这样销售人员才能更加顺利地扩展自己的个人业务。

口才训练9：房价下跌了，客户说被房地产销售人员给骗了

按照马克思经济学的理论，价值决定价格，价格是价值的体现，价格围绕价值上下波动。房产作为一个大型的商品，它的价格自然也会在市场规律的作用下上下浮动。但是很多客户并不明白这样的道理，他们会觉得房价下跌是被房地产销售人员给骗了。

口才训练

客户：“小李啊，买房之前你不是说房价很稳定的吗？怎么现在跌得这么厉害啊？这让我多花了很多冤枉钱，你得赔偿我的损失！”

房地产销售人员：“张阿姨，您先别急，有什么事我们坐下来慢慢说。”

客户：“我这才买了2个月的时间，房价一下子就从7500元一平方米跌至7200元一平方米，我这是吃了大亏了，你赶紧给我退了吧。”

房地产销售人员：“张阿姨，碰到这样的情况我知道您也很难过。不过，您也应该明白，房价本来是根据市场上的供求关系而变动的，供大于求，就会降价；供不应求，就会涨价。因此，房价涨涨跌跌也是很正常的事。”

客户："你上次还是跟我说房价很稳定的呢？要知道它会跌，我才不会赶着买呢。"

房地产销售人员："张阿姨，请不要误会。上次您问我房价走势会如何，根据我个人的经验，我觉得目前的房价比较平稳，这是我给您的一个参考意见。如果按您这么说，那当时报纸上说房价还会涨的专家，他们是不是得赔偿所有购房者的损失？买与不买，关键还是要看您自己，我们中介只是为您提供购房服务。如果这次房价涨了，我们也没有权利跟您分利润，对吧？"

客户："哎，这次算我自己倒霉。"

口才训练解读

在房地产市场上，充斥着各种不确定的因素，因此房价上涨下跌也是很常见的一种现象。如果房价下跌，客户有一种上当受骗的心理，那么房地产销售人员应注意从两个方面着手应对：第一，告诉客户房价受市场规律的影响，涨跌是很正常的现象；第二，要让客户明白它自己才是购房的真正决策者，他应该为自己的行为负责。

如果客户非要索赔，那么销售人员不妨搬出法律条例，令其明白这种要求是不受法律支持的，销售人员本身不需要为客户的购买决策承担任何的风险。其次，房地产销售人员在劝说的过程中要态度和蔼，富有耐心，最重要的是以理服人，千万不可用直白的语言，或者硬碰硬的方式冲撞客户。比如"我们是白纸黑字签了合同的，您要是承担不了这个风险，当初何必要买呢？"这样的争执无疑会激怒客户，不利于事情的解决。

最后需要注意的是，为了避免此类情况发生，房地产销售人员在与客户沟通时，千万不要信口开河地向客户保证房价肯定会上涨或不会下跌。要知道市场是千变万化的，即使是再权威的专家学者，他也不敢随便断言房价的涨跌。

口才训练点睛

如果客户抱怨房价下跌，自己受骗，那么房地产销售人员需要动之以情、晓之以理地让客户明白任何投资都是机遇和风险并存的，谁也没有办法掌控市场，客户应该为自己的购买行为负责。切不可采用过激的语言把责任都推到客户身上，这样只会让矛盾更加激化。

口才训练10：巧言化解客户的不满情绪

在房地产销售中，客户和房地产销售人员经过了前期的多方协商，最终敲定了户型，买好了房子。这本是一件令人快乐的事情，但是并非所有的事情都和人们想象的那般顺利。在客户入住之后，还有许多的事情需要处理；然而，有些问题就是在这个过程中暴露出来的。当客户怒气冲冲地来到售楼处，找到当初的房地产销售人员寻求一个说法的时候，如果销售人员处理不好，往往容易引发大麻烦。那么，碰到这样的情况，销售人员应该怎么样去处理呢？

口才训练

售楼大厅的门“吱”的一声被推开了，走进来一个怒气冲冲的男子。

房地产销售人员：“先生，您好，请问您找谁啊？”

客户：“你不认识我了吗？是我，前些日子你和我签的协议，这么快就忘啦！”

房地产销售人员：“是您啊，没忘，没忘，我是看您这副样子，我还纳闷呢？”

客户：“告诉你，今天必须给我个说法。我那个房子出现问题了。你说怎么解决吧？”

房地产销售人员："先生，别着急，您的心情我能理解，我也希望没问题，但是既然问题出来了，我们就坐下来共同协商解决掉。您跟我来二楼的会议室详细聊聊吧。"

说完，两人去了二楼的会议室。

口才训练解读

当客户发现自己花重金购买的房子有劣质或者欺骗等行为时，心中肯定会特别生气。这样的情绪可以理解，换作任何人都难以冷静下来。但是发生了这样的情况，就要采取合理的措施来解决它。上述口才训练中的销售人员处理方法就很得当，他既没有对客户的问题置之不理，又没有怒火攻心、"以暴制暴"，而是理智地安慰客户，并且将客户带出了售楼现场，减少负面影响。

口才训练点睛

房地产销售人员应该妥善地处理好客户的问题，避免发生不必要的争端，遇到任何事情均要冷静地思考，寻找最好的解决办法，万不可语气急躁和态度粗暴。自己不能解决的抓紧向上级反映。遇有这样的事情，首先要安抚客户的情绪，不应该选择若无其事或者回避的态度。事情发生了，就想方设法解决掉。

口才训练 11：不要给客户开空头支票

古人云："一言既出，驷马难追。"讲的是人要重视自己的承诺，一旦许诺，就要说话算数，否则不要给别人开这种空头支票。然而在实际工作中，很多销售人员并不懂得这样的道理，他们为了能使客户尽快地签单，常常通过承诺来打消客户的顾虑，让客户得到暂时的安全感。可是到了关键的时候，这些保证和承诺就变成了一纸空文，没有兑现的可能。

对于这种自断后路的行为，房地产销售人员一定要避免。否则，客户的抱怨、不满以及透支的信任会让销售人员在后续的工作中丢失掉很多成交的机会。

口才训练

房地产销售人员小王为了尽快和客户签单，得到更多的业绩提成，决定对客户做出佣金打折的承诺。

小王："张阿姨您好，我是小王，如果您觉得那套房子还不错的话，咱们就尽快签单吧。"

张阿姨："哦，小王啊，你好，房子我是看上了，可是你们的佣金有点贵，能不能给我打个折啊！"

小王："这个不太好啊，我们是正规的中介公司，也没有多收您佣金，咱们就按正常的规定走吧。"

张阿姨："那不行，我一个朋友在 ×× 公司买过房，他们只收了 1% 的佣金，我也不能多花这冤枉钱啊！"

小王："那好吧，既然您这么要求，那我就向公司申请一下，看看能不能给您优惠一点。不过这个合同您得尽快签订，这套房源这么抢手，如果被其他更有诚意的客户买走了，就轮不到您了。"

张阿姨："好，那就这么说定了，你给我佣金打折，我就尽快把合同签了。"

小王："好，就这样！"

最后，双方把合同都签了，但是佣金打折的申请被经理严肃地驳了回来。客户张阿姨问了几次，但是这个优惠的力度实在太大，小王自己也没有能力弥补。无奈之下，他只能向张阿姨说了实情。张阿姨听后非常生气，将小王投诉到了公司总部。

口才训练解读

俗话说，心急吃不了热豆腐。为了快速达成售房目的，给客户开一张空头支票的行为是不可取的。上述口才训练中的房地产销售人员小王就用自己惨痛的教训给大家上了一课。因此，为了保险起见，广大销售人员千万不要做这种急功近利的事情，尽管用佣金折扣的诱饵可以换来暂时的签单，可最后小王失去的信誉用任何东西都弥补不回来。

销售人员要想在销售领域有所成就，就必须重守承诺，说话掷地有声，决不能肆意欺骗客户，更不能许下自己力所不及的承诺。销售人员只有打好自己的信任牌，对客户和自己的职业生涯负责，才能给客户以安全感，才能为自己日后的工作奠定一个良好的基础。

1. 公司的相关制度要烂熟于心

销售人员在与客户进行沟通的时候，首先需要熟悉公司的相关制度规定，清楚哪些是可以允诺的，哪些是不可以随便乱答应的。一般有违公司规定的承诺，销售人员绝不可允诺，无法兑现的一纸空文最终会使客户、公司和自己三方陷入两难的境地。

2. 话不要说得太满

即使在公司、个人等方面都允许的情况下，销售人员在对客户承诺时也要留有余地，不能大放豪言，把话讲到极点。人们常说，不怕一万，就怕万一。假如有什么特殊情况发生，你的承诺兑现不了，还是会给客户留下一个言而无信、出尔反尔的不良形象。

3. 应允过的诺言努力实现

诚信是销售人员的根本。一旦对客户做出了某些承诺，就一定要本着诚信的原则，努力达成客户的某种愿望。只有这样，你才能在销售界中建立自己的口碑，获得更多合作的机会。

口才训练点睛

遵守承诺是一种美德，履行承诺是对客户负责任的一种表现。如果房地产销售人员没有兑现承诺的能力，那就不要大放厥词，随意给客户开空头支票，否则到头来害人害己，得不偿失。